人民美术家

方楚雄 卷

陈高潮 主编

北京工艺美术出版社

北京人民出版社

图书在版编目（CIP）数据

人民美术家．方楚雄卷 / 陈高潮主编．-- 北京 ：
北京工艺美术出版社，2024.3
ISBN 978-7-5140-2105-9

Ⅰ．①人… Ⅱ．①陈… Ⅲ．①方楚雄－事迹－画册
Ⅳ．①K825.72-64

中国国家版本馆 CIP 数据核字（2023）第 256762 号

出 版 人：夏中南
策 划 人：吴剑安
责任编辑：刘艳霞
装帧设计：吴怡心
责任印制：王　卓

法律顾问：北京恒理律师事务所　丁　玲　张馨瑜

人民美术家——方楚雄卷

RENMIN MEISHUJIA FANG CHUXIONG JUAN

陈高潮　主编

出　　版　北京工艺美术出版社
　　　　　　北京人民出版社
发　　行　北京美联京工图书有限公司
地　　址　北京市西城区北三环中路6号　京版大厦B座702室
邮　　编　100120
电　　话　（010）58572763（总编室）
　　　　　　（010）58572878（编辑室）
　　　　　　（010）64280045（发　行）
传　　真　（010）64280045/58572763
网　　址　www.gmcbs.cn
经　　销　全国新华书店
印　　刷　涿州市荣升新创印刷有限公司
开　　本　635 毫米×965 毫米　1/8
印　　张　40
字　　数　300千字
版　　次　2024年3月第1版
印　　次　2024年3月第1次印刷
印　　数　1～3500
定　　价　388.00元

序言

为新时代画像

王野霏

“繁荣文艺创作、推动文艺创新，必须有大批德艺双馨的文艺名家。要把文艺队伍建设摆在更加突出的重要位置，努力造就一批有影响的各领域文艺领军人物，建设一支宏大的文艺人才队伍。”这是习近平总书记《在文艺工作座谈会上的讲话》中关于新时代中国特色社会主义文艺工作的明确要求，也是我们“人民美术家”新时代美术家丛书编辑出版的重要思想基础。

中华民族具有悠久的历史和灿烂的文化，美术是中华民族优秀传统文化的重要代表。新中国成立以来，全国美术界按照“为人民服务，为社会主义服务”的发展方向和“百花齐放，百家争鸣”的指导方针，取得了辉煌的艺术成就。改革开放，特别是党的十八大以来，我国美术界全面繁荣，生机勃发。歌颂党、讴歌祖国、为人民树碑立传的，人们喜闻乐见的优秀作品不断涌现；一大批德艺双馨的艺术家脱颖而出，引领着中国当代美术不断地健康发展，形成全面繁荣的大好局面。就美术家而言，其在美术创作实践中的阶段性艺术总结，无论是对其作品价值的再发现、再推广，还是对其本人和艺术的再提高，都显得十分必要。对于美术行业而言，阶段性梳理和总结新时代美术家的创作成就，特别是艺术大家的创作成就和艺术道路，是美术行业多年来形成的光荣传统。回顾历史，那些曾在各自的艺术流派做出非凡成就的美术家，如徐悲鸿、林风眠、刘海粟、潘天寿等，无一不是一边积极创作，一边不断总结梳理，将自己的创作经验和优秀作品结集出版，为后人留下宝贵的精神财富，在美术史上留下浓墨重彩的一笔。对于国家和社会而言，站在两个一百年的时间节点，借着建党一百年的春风，将那些德艺双馨的美术家的艺术成就结集成册呈现于世人面前，无疑是为新时代中国特色社会主义文化大发展、大繁荣献上的厚礼。

人民美术家根植于人民，为人民树碑立传，为人民发声，他们为时代画像，为时代立传，为时代明德，定将无愧于人民的重托，创作出更多、更好的时代经典以回馈时代，回馈人民。北京工艺美术出版社与北京人民出版社立足全国文化中心定位，面向全国，以新时代德艺双馨的标准遴选艺术家，合力打造的“人民美术家”丛书，意义重大而深远。我愿把这套书推荐给读者。

（作者系首都版权协会理事长、北京市委宣传部原副部长、市新闻出版局原局长）

方楚雄，1950年生，广州美术学院中国画学院二级教授、硕士研究生导师，中国美术家协会会员，中国国家画院研究员，中国传媒大学中国画研究院顾问，中国画学会创会常务理事，中央文史研究馆书画院研究员，广东省人民政府文史研究馆馆员，广东省中国画学会副会长，享受国务院政府特殊津贴专家。

1997年被中国文学艺术界联合会、中国美术家协会评为“’97中国画坛百杰”，2004年获中国艺术研究院“黄宾虹奖”、广东省“南粤优秀教师”奖。2010年荣获广东省“精神文明建设先进工作者”“广州美术学院德艺双馨杰出教师”称号及“广州美术学院教学科研创作突出成果奖”，2011年被评为“广东省高等学校教学名师”。

目　录

名家评论

方楚雄的花鸟画艺术…………………………………迟　轲 /2

高格调的艺术——方楚雄的花鸟画…………………………邵大箴 /8

大家风范——方楚雄的中国画创作……………………………邵大箴 /14

关爱自然生命——方楚雄的中国画创作………………………郎绍君 /20

溯源　汇流　精思——方楚雄的花鸟画创作与教学……………薛永年 /38

丹青流芳——方楚雄的花鸟画创作和教学………………………吕品田 /52

自然美 · 生活情——论方楚雄花鸟画的艺术特征………………尚　辉 /62

生命精神的礼赞——方楚雄先生作品展序………………………吴为山 /74

生灵翘楚　积健为雄——方楚雄先生笔下的自然境界及其艺术内蕴····于　洋 /82

艺术之路

我的艺术之路…………………………………………方楚雄 /92

行旅问道……………………………………………方楚雄 /111

传神写照……………………………………………方楚雄 /121

众家品评

众家品评（摘录）……………………………………………130

“天地生灵——方楚雄的艺术世界”中国美术馆个展艺术辑评…………160

艺术心语

艺事漫谈……………………………………………方楚雄 /252

中国画教学沿革初探…………………………………方楚雄 /274

艺术年表

方楚雄艺术年表…………………………………………………286

人民美术家·方楚雄卷

名家评论 »

方楚雄的花鸟画艺术

文／迟　轲

王安石曾写《伤仲永》以警诫世人：勿以“神童”之誉造成幼小的天才过早地萎谢。生活中当然也有例外。拉斐尔前派的创始者之一的米莱斯 9 岁获素描银奖，被视为“神童”，日后终成大器。关键在于其有“自知之明”，在于其“自强不息”。

方楚雄也属于这种类型。

他 8 岁赴省城集会，当众表演大写意，“笔落惊四座”。由此，在报刊上他的名字就常和“神童”联系在一起。但方楚雄自己却不喜欢“神童”的称号。很早他就深知：真正的艺术成就，仅靠一点天赋和聪慧是绝对不够的。他不善辞令，温厚持重；而在艺术上却有很高的悟性。一经确定自己的艺术理想，他则勤奋不息地吸收多方面的滋养，开创自己的艺术道路。他很少由于左摇右摆随风转向而抛废时光枉耗精力。

方楚雄所追求的艺术理想是“雅俗共赏”。

有真知灼见的学者大多善于“深入浅出”。当然，所谓“雅俗共赏”是因时代、条件之不同而具有多层次和不同品类的。我们可以说《红楼梦》是“雅俗共赏”的，也可以说《史记》是“雅俗共赏”的。

方楚雄的绘画是亲切宜人的，是格调高雅的，并且具有鲜明的个性和独特艺术风貌。但一切真正的创造都离不开相应的传统和艺术渊源。他最初所受的影响来自上海画派和岭南画派。20 世纪初兴起的这两个画派，都是要打破因袭保守的积习，

1992 年，黎雄才老师参观在广东画院举办的方楚雄个人画展

1992 年，方楚雄夫妇陪刘昌潮老师拜访关山月老师

2010 年，方楚雄与迟轲老师在广州美术学院

追求“雅俗共赏”的新境。他幼年在故乡的启蒙老师刘昌潮、王兰若都曾在上海攻研国画。方楚雄不仅从他们那里学习了坚实的笔墨技巧，而且领会了上海画派的革新精神。任伯年丰富的表现技巧，吴昌硕泼辣的生命力都给他以启迪。如果我们细察方楚雄的画艺，还可以发现他从更早一些的虚谷的花鸟画艺术中汲取了某些独特的笔法和“隽雅鲜活”的风致。

入广州美院以后在黎雄才、关山月等先生的指导下，方楚雄又对岭南派的艺术进行了研习。当年岭南派创始者倡导的艺术为人生的主张以及借鉴外来艺术的创新，更增强了他的艺术信念；精严的写生方法帮助他更深入地研究大自然的奥秘。他的画面上常常透着秀美滋润的情调，也显示出受岭南派的若干影响。

当然，方楚雄吸收的艺术养料是多方面的，他对当代的许多名家以及历代的许多杰作都进行认真的考察与学习。他从未对各家各派的技艺等做生搬硬套，而是融会贯通之后创造出自己的艺术语言。

我们看他画兰草，画芦苇，

林区所见 1986 年 纸本 98cm × 96cm

画坚韧的竹根和虬结的藤条、画林间的雾气和枝头的积雪……那洒脱而劲健的线条、变幻多端的墨色，足以反映出他十分扎实的笔墨功夫。而在他的笔下，传统的技巧又常根据对象和感受的不同，演化出新的形态和新的意趣。

他画的石阶和石磨，画面布满点缀着青苔，已不同于古人山水的皴法，他画的猿猴，在纤细的干笔上铺以流动的淡墨，边缘处留出白色的反光，显得茸毛光泽，

故乡水 1984 年 纸本 136cm × 109.6cm （入选第六届全国美术作品展）

鼎湖山中
1982 年　纸本
134cm × 67cm

柔软蓬松；他用厚重的红色画“可可”的果实，用湿润的点彩画硕大的榴莲，使油画般的色彩和传统的笔墨很和谐地融为一体。所有艺术技巧上精益求精的探求，都使他的绘画风格独具风貌而富于新意。

绘画艺术的灵魂在于意境。

意境新，方能产生绘画语言和笔墨技法上的新。宋代郭熙说：“境界已熟，心手已应，方能纵横中度，左右逢源。”方楚雄绘画中精湛的技艺固然常使观者赞叹，但首先打动观者的是充盈于艺术形象中的浓厚的诗意。画面上活泼的猿猴在巨树之间攀缘跳跃，俊俏的禽鸟在宁静的雪地上觅食，美丽的彩蝶在怒放的姜花上飞舞，娇小的寒雀在苍老的松枝上酣睡……动与静、柔与刚、秀美与雄健、飘逸与苍劲，不仅以形式上的对比令人瞩目，而且以其意趣上的深邃令人动情。

方楚雄花鸟画艺术的创造性多样化，发掘出不同的美。画中幽暗的溪涧、静谧的庭院、斑驳的古井，以至平凡质朴的丝瓜豆角……不仅洋溢着动人的意趣，有时还会引发人们深沉的哲思。

他尤其善于描绘那些生机盎然的小动物：如刚刚破壳的鸭雏在蹒跚学步，松鼠流水般地在树上奔跑，母猿慈祥地拥抱着它的幼猿，考拉憨厚地背负着它的小考拉……这些惹人怜爱的小生命，不但让人感受到大自然的无穷的生趣，同时也让人觉察到艺术家温煦的爱心。

正是这种对大自然的深挚的爱心，使方楚雄在深入细致的观察中获得艺术的灵感，使他的艺术形象具有浓郁的诗意，使他不断探索新的绘画技巧，使他创造出隽雅鲜活、温馨宜人的花鸟画艺术。

1990 年 4 月于广州

（本文原载 1991 年上海人民美术出版社《方楚雄画集》）

高格调的艺术

——方楚雄的花鸟画

文／邵大箴

画，贵在雅俗之间。太雅，曲高和寡，不仅大众难以接受，而且可能会失之于纤细、柔弱；过俗，缺乏应有的艺术品格，表面上迎合了大众的趣味，实际上低估和轻视了群众的欣赏水平，最后还会脱离群众。雅与俗是艺术品格的相对范畴，它们之间是可以相互转化的。俗话说“大俗大雅”，“俗”得有格调、有品位，如许多民间艺术品，反而成为“大雅”。此外，艺术史告诉我们，格调高的艺术同样能得到大众的认可。艺术家如何使自己的作品做到雅俗共赏，是一件大有学问的事，值得专门研究。我以为，在解决这个问题的过程中起决定性作用的是艺术家本身的修养，是他对艺术规律和原理的认识和把握。有修养的艺术家，必然尊重大众的欣赏趣味，又用自己的创作去提高群众的审美趣味。王朝闻先生曾经用“适应是为了征服”来说明艺术创造与艺术欣赏、普及与提高之间的关系。这个基本艺术原理，可惜现在为很多艺术家所忽视，有人只陶醉在艺术小天地中，不顾广大群众的审美需求；更有人在市场经济的冲击下失去自我判断力，掉入“媚俗”的陷阱而不能自拔。

我之所以在讨论方楚雄作品时写了上面这段话，是因为我觉得他在追求艺术个性、追求高格调时保持着雅俗共赏的可贵品格。这位艺术家在十分勤奋地从事创作实践的同时，努力研究艺术创作规律，思考艺术的社会作用、艺术与大众的关系这些问题。他有坚定的艺术信念，有社会责任感。他虚心向自然学习，从现实生活中撷取美感；向群众学习，体会大众的审美心理。他在这个基础上创造美，满足大众

村梅 2006 年 纸本 124cm × 156cm

的审美需求，提高大众的审美水平。他潜心钻研艺术本体问题，锲而不舍地锤炼自己的艺术技巧。几十年来，方楚雄的花鸟画创造不断拓展，个性风格不断完善。他的画具有清新、高雅的艺术格调，得到同行们的赞许，受到群众的欢迎。

忠实于自我，坦诚地显示自我，不雕饰，不做作，是方楚雄的为人处世风格和艺术品格。他之所以专攻花鸟和走兽翎毛，是由他具有平和、诚实、热爱生命的天性所驱使，艺术实践不断提示和引导他如何去充分发挥自己的个性特长。他对自己描绘的对象充满情感，他在花鸟、走兽身上首先看到和感受到的是生命，是大自然造化奇异的一部分。我们欣赏方楚雄的作品，与其说是在欣赏他笔下美好、生动的花鸟，不如说是陶醉和沉浸在他的艺术态度与心境之中。

方楚雄有坚实而全面的绘画功底，他受过传统国画和学院写实造型两方面的艺术训练。“融合中西”是20世纪以来的大潮流，许多从事中国画创作的人都为之勤奋地摸索、探求，而要在探索中取得成绩，除了要熟练地掌握两种绘画技巧，更要有一种自觉的艺术理想，那就是在这种融合中坚持以本民族传统为基础，追求创作成果的民族特色，而不是把两者机械地结合，更不是把中国画改造成西洋画。方楚雄清醒地认识到传统文人画的优长与不足，懂得如何在坚持发扬传统的基础上适当地从西画中吸收营养，以丰富中国画的表现力。这当然与他受海派（他的启蒙老师王兰若先生毕业于上海美专，是绘画的多面手）和岭南画派的影响有关，更与他在长期艺术实践中形成的审美理想有密切的联系。更值得注意的是，他对国画遗产中明清写意文人画和唐宋写实传统均做过潜心研究，他似乎要打通写实与写意、具象与意象的界限，将它们熔于一炉。我觉得，在方楚雄的作品中有写实绘画的具体与生动，有写意文人画的飘逸与潇洒，有来自生活的质朴与自然，有乡土气息，更有来自他个性的平实和俊秀。

绘画创作中有两个基本因素不可或缺：创造性劳动的难度与心灵的领悟力（即灵性）。没有适当劳动难度的绘画创作，肯定是表面的和空洞的；没有灵性的绘画，只能是机械的制作行为。方楚雄对绘画艺术有很强的领悟力，但他仍然严格要求自已。他是一位诚实的劳动者，一丝不苟地对待自己的艺术创作。他始终坚持写生，认真研究客观自然。他的每件作品都有缜密的构思，从局部到整体都有周到的艺术处理，他通过肯定而有力的勾勒、反复且有度的皴擦渲染，使色彩淡雅、别致且饱满，生动的构图，创作出有别于传统、具有独特品格的花鸟艺术。

当前中国画创作受到来自两方面的干扰。一是来自外部的：一

岁月
1999年　纸本
177cm×191cm

1972 年，方楚雄看刘昌潮老师作画

1979 年，方楚雄与林丰俗、陈永锵在北京中山公园写生

1984 年，方楚雄在海南岛霸王岭写生

些不懂得艺术规律、不懂得中国画创作原理的人，攻击中国画是“手工劳动”，是“传统的重复”，是“不能适应时代要求”的艺术。对于这一类言论，我认为不必大惊小怪，艺术真理需要一个沉淀的过程，人们对事物，尤其是对有深厚文化渊源的中国画艺术，更需要一个认识的过程。假以时日，中国画定会得到大家普遍的认可。二是来自中国画内部的：艺术走向市场刺激和促进着中国画的发展，其积极作用是不容否定的，但也造成一些负面影响，有些艺术家不懂得在市场经济的大环境中如何控制自己和保持应有的艺术品位，一味地满足市场的需求，使中国画的俗化趋势增长。在这种情况下，有一批像方楚雄这样诚实的艺术家坚守阵地，用自己高品位的艺术创造，来弘扬中国画优秀传统，是非常重要的。方楚雄杰出的艺术，除了它自身的价值，还有这一层意义。

（本文原载 2006 年人民美术出版社出版的《中国当代名家画集·方楚雄》）

可可

1986 年　纸本

134cm × 69cm

（入选由中国文化部艺术司、中国美术家协会主办的“百年中国画展”）

大家风范

——方楚雄的中国画创作

文 / 邵大箴

20 世纪中国画创作在反映现实生活方面所取得的成绩是人所共知的，几十年以来提倡画家深入生活、直接写生，有力地推动了中国画艺术的革新。从作品的题材内容到语言形式，当代中国画都比传统文人画更接近大众、更有现实感了。这一变革的积极意义，毫无疑问不应轻易否定。但是，当这种变革成为画界的一种普遍风气之后，肯定会有新问题困扰我们，迫使我们思考和探寻解决的途径。今天，当拿起笔要为著名画家方楚雄的创作写点评论文字时，又引起我对这个问题的兴趣。因为我觉得，在他几十年的艺术经历中，他是认真考虑了这些问题而且是有许多心得和体会的，在实践中他摸到了正确的路子，用一幅幅作品回答了这些问题。从这个角度说，讨论他的创作对我们认识当前中国画前进过程中需要如何做进一步的努力，是有帮助的。

20 世纪，包括中国画在内的美术面临中西、古今的博弈，虽然从本质意义上说，古与今、中与西不是对立的范畴，两者截然对立是假命题，是缺乏辩证的形而上思维。不过，艺术家们要在实践中真正认识这些问题，能得心应手地解决这些问题，需要时间和过程，需要几代人付出艰巨的劳动。

从学生时代起，方楚雄这一辈人就面临诸如写实与写意、仿古与写生、素描与笔墨等问题的纠缠，都为自己的作品如何从生活中吸取营养，既能为大众接受，又有很高的艺术质量所苦恼。经过几十年的东寻西找与磨练，他终于成功了，如今已

盆荷 1986年 纸本 225cm×68cm

成为一位受到人们高度评价的杰出艺术家。

方楚雄艺术取得成功的关健点是什么，是他技巧的高度纯熟，是笔墨的十分到位，是出色的写生能力？是的，这些都是促使他创作成功的原因，但都不是关键点。我认为，关键是他在广泛接触古今中外艺术经典的基础上，在长期艺术劳作中，对艺术规律和原理有独到的体悟。他比较深刻地领会到艺术创作中一个最重要也是最朴素的原理：艺术来自现实生活，但不是对生活原型的复制，而是对生活的高度提炼，艺术家在提炼过程中要有眼光、见识、胸怀和修养。

有人也许要问，人们常常在嘴边说的这些常识，难道也是促使方楚雄艺术脱颖而出的重要原因吗？回答是肯定的。一个符合艺术规律的基本问题，如果得不到正确的解释，可能导致人们产生误解而不得其要领。因为人们常常片面地理解艺术反映生活而忘记了艺术与现实生活的相互关系：现实生活提供给艺术家丰富的创作资源，艺术家又去用艺术语言表现他所理解的客观自然，这是艺术的、主观的、能动的反映，是艺术家依据现实生活和自己的全面修养发挥想象力的创造。运用的手段有写实、写意、象征、暗示、抽象、夸张，包括借助幻觉和错觉……不论运用哪种手法和构建何种图像，目的都是营造能感动人的艺术意境：基于生活又异于生活现象而凝聚了画家智慧的艺术图像。现实生活和艺术想象为画家提供了充分驰骋才能的广阔空间，只有这时，积累了纯熟手艺技能的艺

晨曦

1989 年　纸本　175cm × 159cm

（入选第七届全国美术作品展）

术家方有用武之地。

从描写客观物象的角度看，方楚雄的画没有特别之处，典型的南方树木丛林、花卉、禽鸟兽类，但画面却有异于他人的文化境界，即对大自然和生命的颂扬，对真善美的赞赏。画面伴随着音乐般的律动感，散发出一种抒情的诗意。

方楚雄的作品之所以有如此的艺术感染力，我以为一是因为作者具备善于在现实生活中择取表现对象和将其组合成和谐画面的能力，方楚雄的每一幅画都是经过充分酝酿和精心构思完成的，这是高度严肃的创作态度。二是因为其作品充满着他对笔下不论自然树木山石或禽鸟兽类的一种仁爱感情，以及由此产生的创作激情。作者这种真实的感情见诸笔墨、色彩和整个画面气氛。他饱受传统艺术熏陶，从现实生活中汲取灵感，写自己对客观自然的真切感受。他睿智地处理了生活与艺术创造的关系，他笔下描绘的不是真实生活，却有浓郁的生活气息，凝聚了出色的写实功夫和艺术虚构的本领。没有绘画功夫的长期积累，方楚雄难以有今日写形传神的绝妙技艺；没有丰富的生活体验和对艺术本质及形式语言的深入研究，他更难以有今日营造艺术境界的高超技艺。

方楚雄是一位兼工带写的艺术家，工与写本来就不应分家，工中有写、写中有工是绘画应有之义，不可设想善工笔者只会写形、写实和写真，而无写意能力，反之亦然。方楚雄全面继承中国画传统，有宋画坚实的写真功夫，也有元画的飘逸气息。他的画工而不板，精而有致，线条灵动、遒劲，黑白灰关系微妙变化，色彩或在和谐中求清丽，或在对比中找大关系的统一，画面有整体感和构成性的秩序感，又使人感觉到某种可贵的随意性。总之，他的画格调清新高雅，予人以视觉的愉悦，以心灵的感染、抚慰和震动，展示出艺术大家风范！我觉得，我们在充分肯定方楚雄绘画成就的同时，也要提倡学习他重视研究艺术规律、不断探索绘画创作原理的精神。

（本文原载2021年安徽美术出版社《天地生灵——方楚雄的艺术世界（二）》）

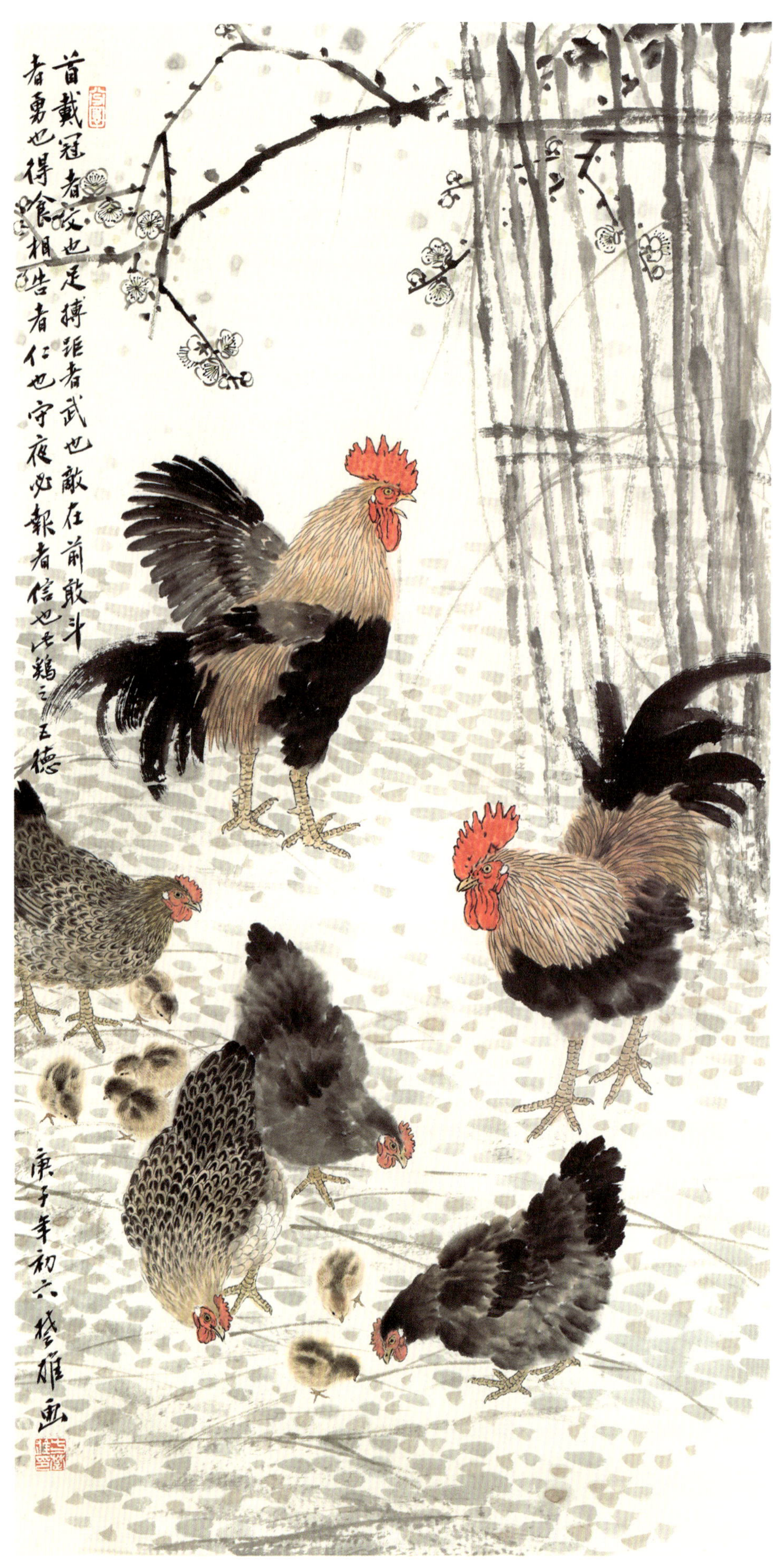

五德图
2020 年　纸本
138cm × 69cm

竹乡
2023 年　纸本
248cm × 124cm

关爱自然生命

——方楚雄的中国画创作

文／郎绍君

癸未四月，正当“非典”入侵首都，方楚雄正好带着广州美术学院的研究生来北京写生，画遍了香山、植物园、颐和园、戒台寺、北海、中山公园、文庙的玉兰、桃花、海棠、古松、古柏。我和楚雄相识多年，在他返穗前的一个晚上，我们曾秉烛夜话，从花鸟画谈到“非典”病毒。北京的春天很短，转眼间树绿花谢，“非典”却更加肆虐。独坐书斋，看窗外似花非花的柳絮，又想起楚雄的画，并生出些关于花鸟画的感想。

方楚雄的画是许多人所喜爱的，也有不少对他的评论。迟轲说：“方楚雄不善辞令，温厚持重，而在艺术上却有着很高的悟性。”林墉说：“他无意于惊人，却绝不放弃感人，他渴望的是淡淡中的温柔，清清中的澄明。”“楚雄的画是温热而微笑的，于是给人生以美好。”李伟铭说：“他最大的成功在于调和了海派与岭南画派的技法语汇，并在动物题材的创作中，把这种技法语汇朝着‘写实’的方向推进到了一种精微的层次。”梁江说：“他所建构的，是以清雅为基本特征的艺术特色。”王璜生说：“他的画总是那么干净、利落、生动，富于聪明气。”这些评论家熟悉方楚雄，论说贴切，我赞成。

花鸟画很难直接表现人与社会，但又是它们的派生物。花鸟画的特性与功能、长处与短处，皆由此而来。区别花鸟画与非花鸟画的特性与功能，认清它的位置、它的精神和形式的关系，是论说花鸟画的大前提。20世纪50～70年代，一些“权威”

2021 年，方楚雄、林淑然夫妇拜访郎绍君、徐改夫妇

1979 年，左起：贾宝珉、陈永锵、方楚雄、孙其峰老师、林丰俗

1982 年，方楚雄、杨尧（前排左一）在梅田矿区写生矿工

人士否定了传统花鸟画，也扼杀了它的创新。但时过境迁，当代花鸟画又呈现出另一番景象：放弃对精神意义的追求，只满足于再现物性与形式玩赏。作为对极端社会功利主义的反驳，对市场经济和大众消费文化的顺应，这一现象有“合乎规律性”之处，却少了些“合目的性”。艺术还是求得“合规律性”与“合目的性”的统一为好。

花鸟画凝聚自然的真与美，可以欣赏，可以寄寓情志，可以创造境界与趣味。花鸟画的追求该是自由的、多样的，但那些能巧妙表达人的生命情感、生存态度的作品，总是会给人留下更深的印象。八大山人“金枝玉叶老遗民”的不朽，在于他历经生命的大起大落之后，用花鸟画形式创造的将孤愤演为冷逸的精神形象是独一无二的，又是时代性的、士大夫族群性的。齐白石的不朽，在于他以花鸟形象空前真实、生动地表现了有着悠久农业文明历史的中国在向现代社会转型过程中人们对乡村自然的情感态度。潘天寿的不朽，在于他以雄奇怪险的花鸟图像和博大沉雄的风格，表达了 20 世纪中国人对力量与崇高精神的向往——这力量与崇高精神可能会改变他们生存的世界。要求花鸟画家都成为八大山人、齐白石或潘天寿是不可能的，但像他们那样追求形式创造与精神意义的统一，总是令人向往的目标。

方楚雄兼擅花卉、林木、翎毛、走兽，

既能工，也能写，更长于兼工带写。他长期从事花鸟画教学，一方面勤奋创作，追求自由与个性；一方面认真教书，强调严谨与规范。他能优游于两种角色之间，是很不容易的。这需要付出大量的劳动，还需要理性与感性的平衡。从作品看，他的动物画是最受欢迎的。其动物画大致有两类：一为猛禽猛兽，如狮、虎、豹、雄鹰、秃鹫等；二为一般鸟兽，如猴、羊、猪、狐狸、狗、猫、松鼠、兔、刺猬等。猛禽猛兽作品描绘动物的力量、速度、勇气，能使读者感受到强烈的冲击力和震撼力。近代以来的高剑父、高奇峰、何香凝、张善孖、徐悲鸿等，都喜以猛禽猛兽象征他们心中的英雄、力量或王者气概。猛禽猛兽在自己的世界里有时也是平和、安静的，因而艺术家也时常借以褒扬刚勇而不乏柔和、雄霸而能仁慈的品性。方楚雄即属于后者，他多描绘狮虎们的休息、玩耍和亲昵场景，以寄托“草莽英雄情意绵”之意。在一幅《山中虎》中，他题了鲁迅1932年创作《答客诮》诗：

无情未必真豪杰，怜子如何不丈夫？
知否兴风狂啸者，回眸时看小於菟。

鲁迅晚年得子海婴，十分疼爱，论敌有讥诮者，他作此诗以答，说能兴风狂啸的森林之王况能“回眸时看”小老虎，有爱子之情的人为何不是真正的豪杰男儿呢！方楚雄对这一主题的选择非出偶然。第一，是其温厚平和的心性使然。林墉说，方楚雄“没有居高临下的浮傲，有的是一腔温情，一种潺潺不断的滋润。就其内蕴而言，既没有哗众取宠的轻薄，也无自以为是的张狂。他想诉说的只是内心被美所陶醉之后的细言漫语”，“其人的气质也就界定了其人的艺术”。第二，是他的经历所铸造的。生于1950年的方楚雄，对20世纪六七十年代的运动有切身体验，到新时期又历经思想解放运动，出于对“假”“大”“空”艺术的反感，他转向人性化的描写与表现，符合时代心理的要求。当然，表现猛兽的安闲柔静、温驯可爱需要把握分寸，过了头就会产生失真和不自然的感觉。

方楚雄笔下的各种小动物，以生动、可爱、好看、好玩为特色。那些宠物如猫、狗之类，野性已失，连形貌都按照人的意志改变了，几乎只剩下对主人的亲昵和媚态。那些家禽家畜，如鸡、鸭、牛、羊之类，都被安排在宁静优美的景色之中，有溪水、花草、细雨、池塘与之相伴，洋溢着宁静自足的乡村诗意。那些活跃于自然环境中的猿猴、松鼠、狼、狐之类，在松林、雪地或花丛中跳跃、嬉戏、憩息、啸叫，自由自在，无拘无束。它们生活在自己的世界里，没有宠物般的人工气。面对它们，人们更能感到人与自然之间真实的和谐。值得注意的是，画家在这些作品中回避了

山中虎 1994年 纸本 142cm×194cm （入选第八届全国美术作品展）

对动物间殊死争斗、逃奔追杀的描写，画狮虎都强调安闲柔静一面的方楚雄，对各类小动物就更抱着一种近距离的亲和态度了。

平和亲切、生动有趣的动物形象，幽美宁静的田园诗意，使人紧张、焦虑的情绪得以缓解。在竞争激烈、心神躁动、戾气横生的社会压力下，其抚慰心灵的作用是显而易见的。远离自然又不能还原为自然的现代人，需要通过艺术形式进行反省

山村农家 1999 年 纸本 69cm × 69cm

和激励，需要通过艺术形态净化道德，也需要通过艺术形式催动怀旧和回归自然之心，哪怕是情景交融的虚拟，或者是朦胧遥远的白日梦，我们可以由此理解方楚雄花鸟画的精神意义。

但我们也可以追问，当代花鸟画的精神意义是否止于此？有可能再突破与升华，达到一个新境界吗？在题材限制的范畴内，画家能有怎样的突破？文人画家能否借花鸟画形式表现精神人格（像八大山人、潘天寿那样），无现实性价值？现代艺术

2011 年，广州美术学院潘鹤老师为方楚雄塑像

2014 年，方楚雄与王兰若老师一起作画

的批判精神和批判方式（如反讽、解构等）能否被借鉴到花鸟画中来？我想，花鸟画这个对象是不变的，因此它的局限性总是存在，但是局限是相对的，可以有所突破。文人画的路仍然走得通，现代艺术也仍然能够被借鉴。方楚雄还有很大的突破和飞跃的空间。

花鸟画分工笔、写意两大类。前者强调敷色工细画法，后者突出水墨直写画法。工细易“板”，写意易“空”，于是又有介于“工”与“写”之间的兼工带写一类。但兼工带写本身并非“板”“空”之病的必然良药。决定艺术品质的根本因素不是形式画法，而是掌握形式画法的艺术家——看他能否创造性地把握形式与精神的关系。方楚雄精于勾勒填色，也善于水墨直写，其着力点则集中于“兼”字上，色彩与水墨、双勾与泼写、细绘与粗画如何有机统一，是其特别致力之处。这种致力始终让工笔画唱主角，即使写意笔法也常带有“工”的味道，作品的整体面貌总是精而非粗、繁而非简、静而非动。他这样做，源于学业背景，也与风格追求的策略性因素相关。

入广州美术学院之前，方楚雄先后受教于岭东画家王兰若、刘昌潮。王、刘二位都出自上海美术专科学校，擅山水、写意花卉和动物，重视笔墨表现。他们对方楚雄的影响表现在传统方面。新时期以来，方楚雄传统技法夯实，在相当程度上得力于王、刘二师以及强调文人画传统的岭东画坛潜移默化的影响。在广州美院，方楚雄接受了以素描、色彩为主的西画基础训练，得到黎雄才、杨之光、何磊在山水、人物、

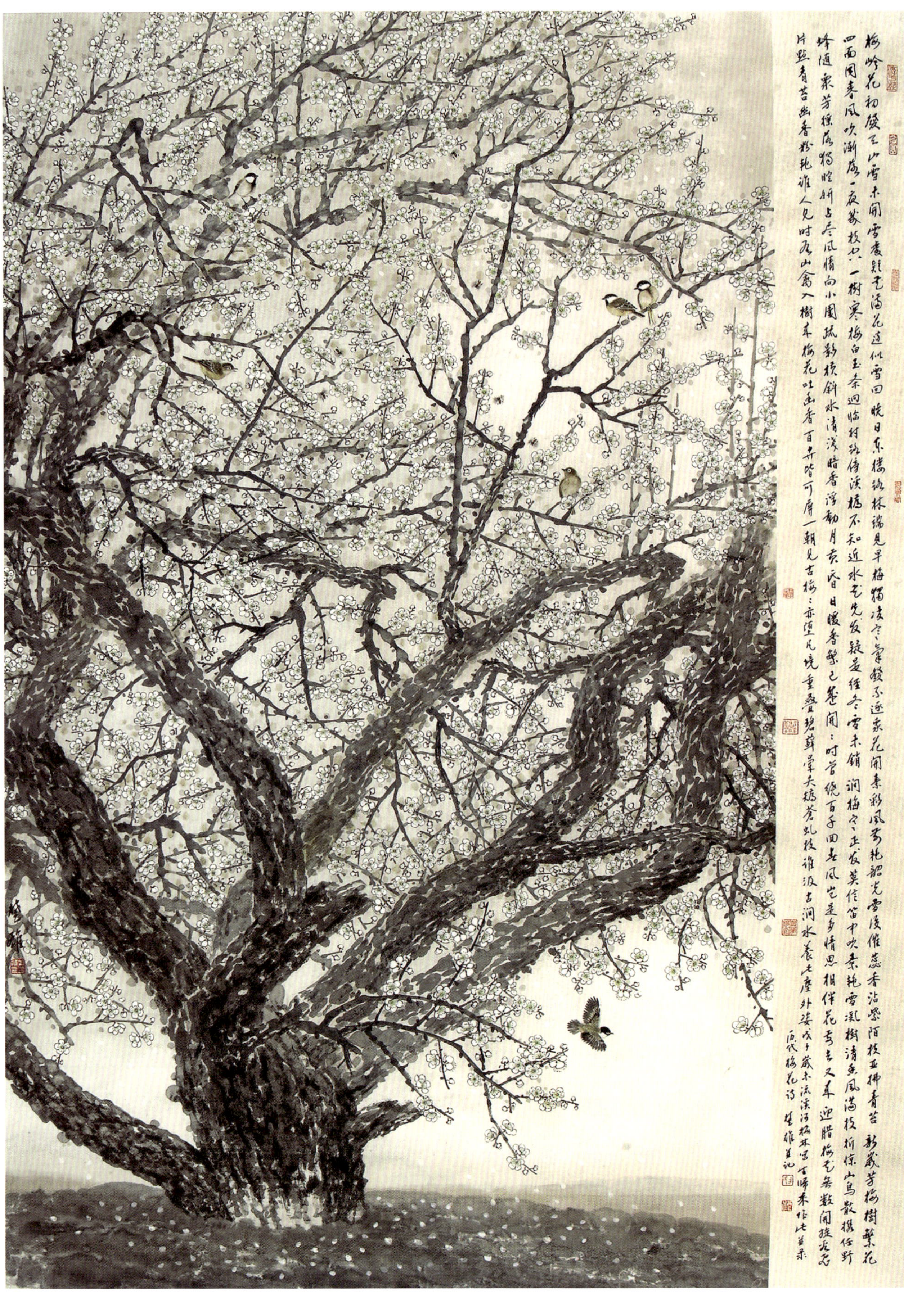

香雪悠情 2008年 纸本 235cm×145cm （广东美术馆收藏）

2021 年，方楚雄带学生到惠东梁化写生梅花

花鸟三方面的直接传授。写实观念的陶冶，造型能力的提高，对他的影响是决定性的。李伟铭在《关于方楚雄花鸟画艺术的对话》中说，方楚雄“最大的成功在于调和了海派与岭南画派的语汇，并在动物题材的创作中，把这种技法语汇朝着‘写实’的方向推进到了一种精微的层次”。海派的“技法语汇”主要是笔墨方法，岭南画派的“技法语汇”似难加以概括。与其说方楚雄接受了岭南画派的“技法语汇”，不如说接受了有岭南画派背景的广州美术学院的新水墨“语汇”更恰当。这与岭南画派、徐悲鸿学派都有些关系，但又颇为不同。它空前强调直接写生方法，重视以笔墨和色彩手段达到写实的目的，地方风格却不明显。正是这一新传统而非笼统的“岭南画派的技法语汇”，使方楚雄达到了某种写实意义上的“精微层次”。同时，接受这一新传统的画家往往忽视笔墨，方楚雄却始终看重笔墨能力的训练，自觉地凭借着对笔墨的理解与把控的写实追求的西画化，保持了对“制作风”和“实验水墨”的理性态度。

这里似乎有必要提及“工细”和“写实”与笔墨形式、主观表现的复杂关系。“工细”是传统概念，“写实”是西画概念，含义大有不同。将宋代花鸟画与尼德兰静物画作一对比，就知道彼此的视觉风格与真实性相差何其遥远。但20世纪的美术教育极大地影响了中国画家的观察、思维和作画方式，使“工细”与“写实”在形态、主客关系上有了更多的融合。作为两种风格，“工细”要求“格致理法”，“写实”要求“模拟现实”，但它们又都要求某种规范性的真实，都强调理性的作用，因而都不会像写意性绘画、表现性绘画那么突出笔墨、变形、笔触手段直接表达情感的作用。以工笔、写实为特色的画家，很容易出现耽于描画而贫于表现的弊病。对此，方楚雄有清醒的意识，他采取的对策有三：一是调动各种手段强化鲜活的感受；二是从传统工笔画特别是宋画中寻找支持，着力于诗意境界的创造；三是适度加强笔墨表现力。他的以松、梅为主角的作品，如《月色》《听涛》《松》《古松》《山风》《月出惊山鸟》《幽涧戏鼠》《白梅》《岭南香雪》等，在这方面尤为成功。如他1992年创作的《古松》从仰视的角度近距离刻画了一棵老松，其老干新枝向四面伸开去，显示出生命的巨大张力。透过凝重而有层次的枝叶，可以看到闪亮的天空，令人心旷神怡。画家在题跋中说，这种感觉得自黄山之游：“日暮赶路，小憩于松下，忽仰望苍松，枝干如虬龙，铺天盖地，日光穿透枝叶，犹如点点星光，其气魄动人心弦，归来作此。”这就是捕捉鲜活感受——鲜活的自然形象和生命印象，这鲜活本身就是诗意的。鲜活形象的捕捉靠直接的观察与写生，但并非凡观察、写生都能捕捉得到鲜活的形象。这需要敏感，需要诗意的眼光与心灵，也需要相应的技巧条件。

在这件作品中，画家精心描绘了八九只或在觅食、或在憩息的小鸟，它们轻灵秀美，与松树的巨

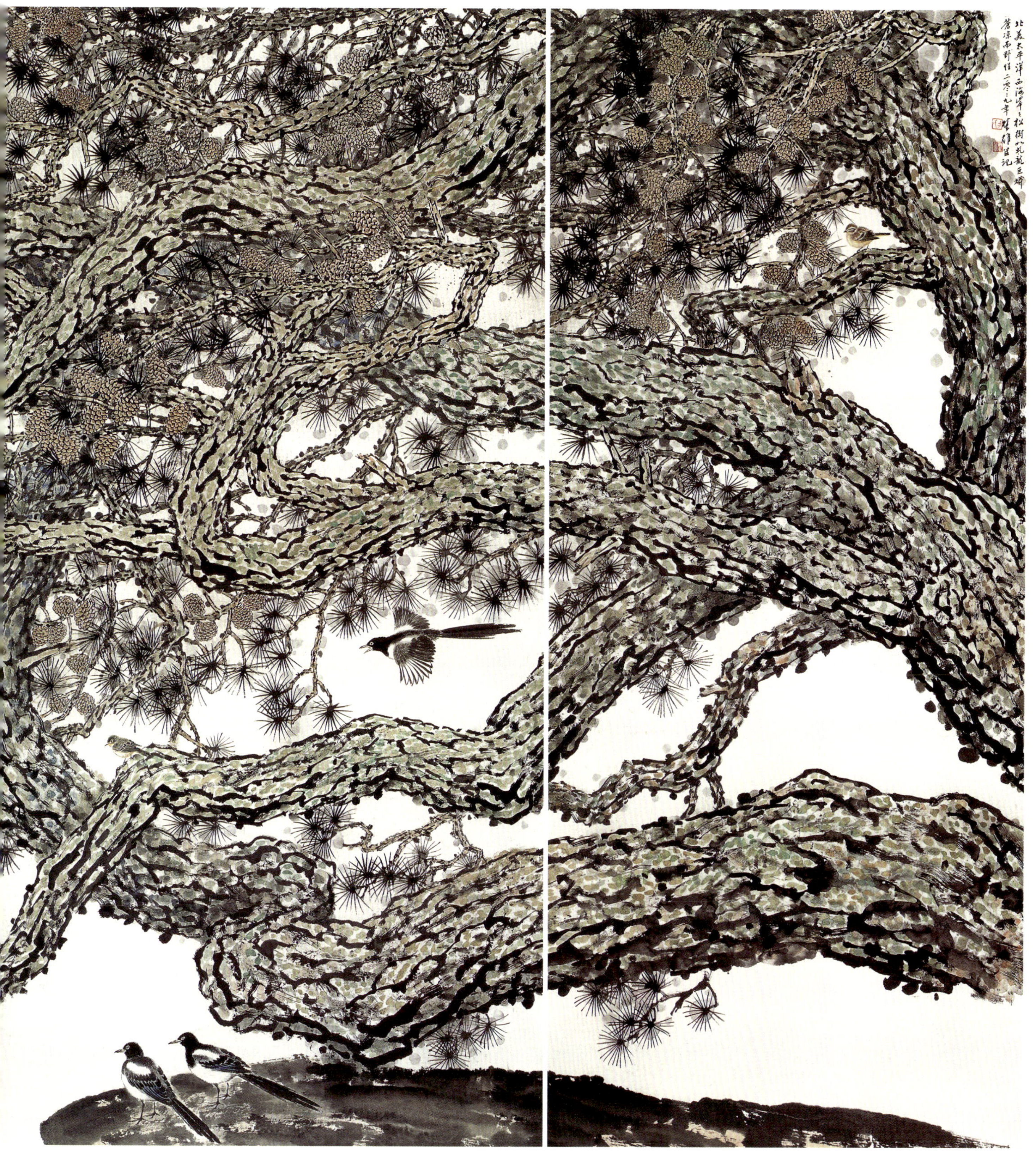

巨龙
2009年　纸本
223cm × 333cm

梦蝶 2006 年 纸本 69cm × 69cm

大凝重形成对比，带给画面的是另一种生趣和诗意。我们不难从中发现画家对宋画的借鉴。但这种借鉴不是套用宋画的形式，没有以弱化鲜活感受、弱化对真实感和现代感的追求为代价，如画面上，小鸟之“微小”（比一只松果略大）与古松之“巨大”形成了鲜明的对比——接近树与鸟的真实比例，而与传统花鸟画大不同。传统花鸟画（尤其工笔）在尺度上总要突出禽鸟：或者采用折枝法，或者改变二者的真

雪域江南　2011年　纸本　210cm×145cm

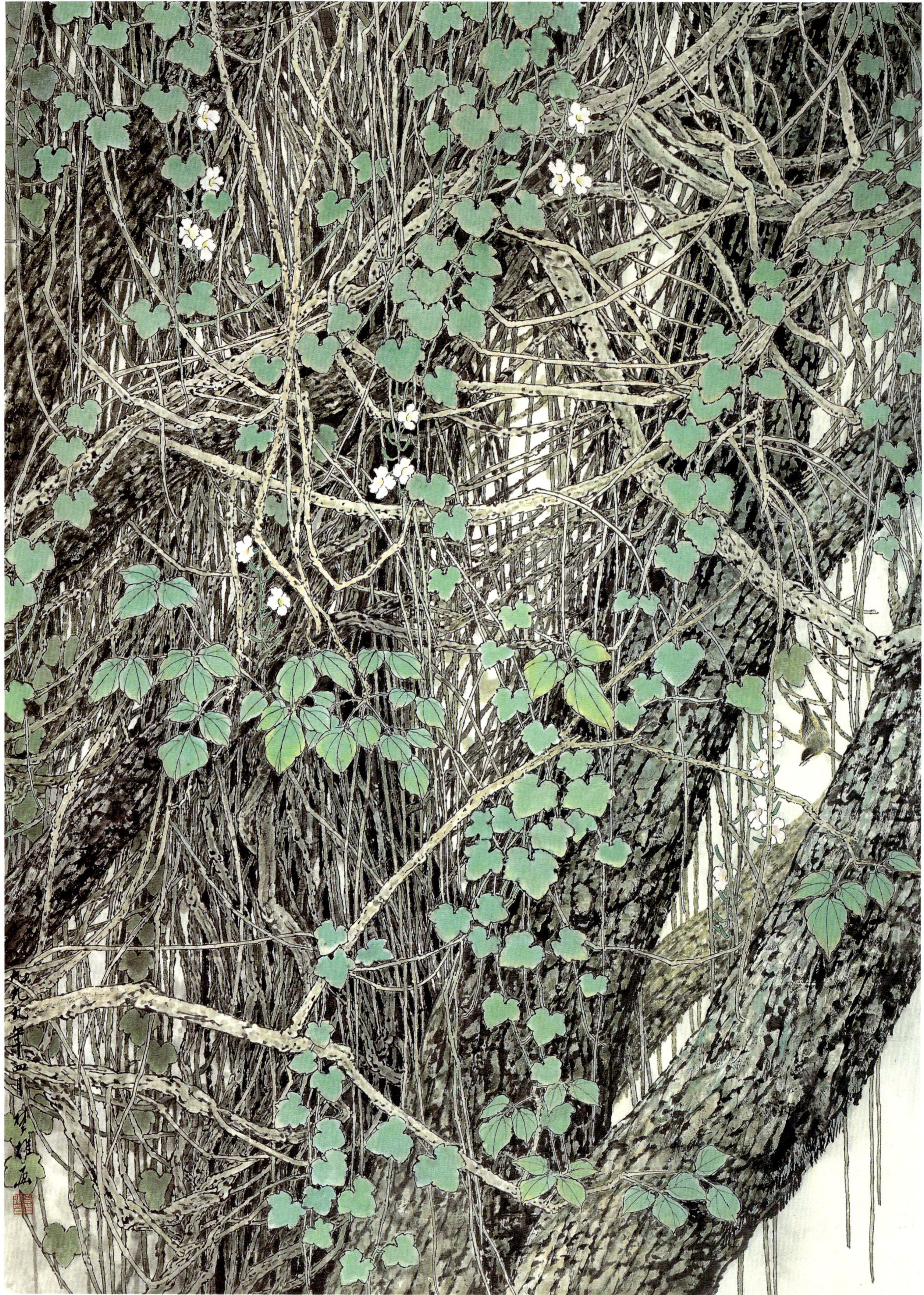

实比例，将禽鸟放大，以虚拟尺度代替自然尺度。这种虚拟尺度作为一种模式，培养了中国人欣赏花鸟画的习惯，反而会觉得画面上的自然尺度不正常。方楚雄追求真实感，回到自然尺度，这与他接受的写实西画的训练有关，但他的花鸟形象仍坚持传统画法，松针要一根根写实，小鸟要一笔笔勾画眼睛、羽毛和细爪，于是，自然尺度与笔墨方法、诗意的感性真实与中国画的理性结构在他这里达到了某种统一。我认为这是对传统花鸟画模式的突破，并由此成为其作品个性的一个重要方面。这一点，在他更晚的《岭南香雪》《白梅》《听涛》等作品中，得到了更自如、和谐而完美的呈现。

总体来看，方楚雄对细笔与粗笔、写意与写实的综合，还是偏重对外在世界的感知与描绘，强调再现自然生命的丰富与生动，强调掌握广博的、精益求精的技巧与技术。这一特点，大约与其教师职业和艺术年龄有关。艺术家在年富力强的时期，作这样的追求是必要和重要的。艺术史告诉我们，随着年龄的增长、外在内在经验的积累，对“绚烂之极，归于平淡”“大巧若拙”境界的进一步体验与认知，画家常常会朝着内在化、笔墨形式人格化的方向转变，进入一个更新、更辉煌的艺术阶段，齐白石、黄宾虹、朱屺瞻、张大千等都是如此。

“风格策略的因素”指的是为创造风格而进行的策略性选择。在大众媒体空前发达、市场竞争日趋激烈的今天，艺术家都重视塑造甚至打造自己的风格形象。风格以自然成熟为最好，但瓜熟蒂落的自然成熟需要时间，与现代社会的快节奏难以合拍。自然成熟与自觉追求（塑造、打造）在一定条件下可以统一，艺术家为适应社会发展需要进行风格调整，作为生存发展的一种策略，是可以理解的。但这类策略存在着破坏自然风格、固化打造因素的危险，从而导致艺术家内在个性的丧失，流于假面式的“风格虚伪”和空洞的风格化陷阱。前面说过，方楚雄的风格与他的内在个性是一致的，这内外一致是自然生成的，也有某些风格策略因素。这体现在

藤韵
1999年　纸本
178cm × 130cm

（入选第九届全国美术作品展优秀奖，广东美术馆收藏）

他对观者趣味的适应，以及作品在取得了一定的“名牌效应”之后出现的风格化趋势。他目前所致力的，似乎是在稳定中求完美，以及审慎地、小心翼翼地变异。作为高度成熟的古典艺术形式的山水花鸟画，一向是渐变而非突变地演进变化的。用“破坏就是创造”的逻辑对待它，无异于掘根自毁。在这个意义上，我赞成方楚雄在变革风格形态上的审慎态度，但也应警惕审慎退却为守成，尤要防止风格策略对风格品位的伤害。

所谓“风格策略对风格品位的伤害”指的是为了市场价值与大众趣味，不惜牺牲对风格品位的追求。当创作变成一种产品、风格策略隶属于一种营销策略时，艺术风格也就在不知不觉中失去了精神价值，用通常的话说，失去了应有的品位。如果说风格与画家把握世界的方式密切相关，品位就与画家的人文追求、道德精神密切相关。我曾反复提到一个看法：风格勉强可以说无优劣，艺术品位却一定有高下的，而艺术品位也包含风格品位。这就是说，你的风格可能是独特的（这当然是一种重要价值），但风格品位未必有正面的价值和意义。传统雅俗之辨的本质即品位之辨。诚然，不同时代、不同人群对雅俗有不同的理解，但人类总是有着一个被相对认同的、终极性的道德价值目标。否则，人和人类历史就失去了依托和意义。我们不知道以科学技术为主要动力的现代物质生产和分配产品的市场经济将把人类引向何方，但我们确实看到了在“现代”“后现代”追求中人与自然关系的空前紧张、人欲的空前膨胀、人性的空前异化，看到了为适应横流人欲之需而空前发达的感官刺激文化，以及随着世界失去神性之光而变得日益疯狂的现代艺术的空前流布。广州是中国现代化发展步伐最快的大都市之一，广州和发生在广州的艺术现象也以快速的市场化和激进的现代探索为突出特征。方楚雄属于艺术潮流中的稳健派，但也是最早进入艺术市场并获得成功的艺术家之一。他的进一步艺术追究，自然是风格品位向更高层面升华的问题。为此，在理性上找到一个恰当的支点，坚定一个明晰的指向，是必要的。

科学家说，“非典”同艾滋病毒一样，都源自动物，是大自然对生态平衡破坏者的报复。花鸟画救不了“非典”患者，也承载不了规劝破坏者改邪归正的重担，但它至少能唤起人对自然的亲切感，有助于唤醒人类珍爱生命的良知，有益于高尚情操的培育。所以，我们需要花鸟画，尤其是有品位的花鸟画。

（本文原载2006年人民美术出版社出版的《中国当代名家画集·方楚雄》）

乡村五月
1990年　纸本
137cm × 69cm

仰天歌　2016 年　纸本　180cm × 383cm

溯源　汇流　精思

——方楚雄的花鸟画创作与教学

文／薛永年

在当代花鸟画坛，方楚雄是万众瞩目的高手，也是成就显著的名师。他少年早发，精进不辍，年方耳顺，已有55年画龄，执教亦逾30年，无论在创作还是教学方面，都是极有特色的实力派。

独树一帜的花鸟画创造与精神家园

自古以来，中国花鸟画就不同于西方静物画，画中的花鸟畜兽，从来不是案头标本，也不是盘中美味，而是鲜活的生命，既与人类的生息和谐共存，又与人的精神息息相关。至少从徐熙、黄筌开始，千百年来莫不如此。尽管古今风格千差万别，艺术手段各极其妙，但无不以真善美为依归，形成了精神性与技能性统一的传统，积淀丰厚，历久弥新。

虽然，优秀传统几经遮蔽，或因脱离体物而空泛恣意，或因图解政治而形同口号，或因市场引导而失掉品位，但有见识的画家，总是把握传统精髓、贴近生活自然，在精深的思考和严肃的实践中，顺应时代审美需要，遵照艺术规律，发挥独特创造。方楚雄就是这样的画家。他成长于新中国时期，筑基坚实而广博，吸纳广泛而灵活，创作独特而精到。他以稳健的步伐，铸就了雄厚的实力。

古代花鸟画的“富贵”与“野逸”，满足着贵族和文人的心灵需求，近代的大家开始冲破千古藩篱，表现城乡平民趣味。方楚雄的花鸟画，一开始就吸收齐白石、

2016 年，左起：何水法、薛永年、方楚雄、邓林

2016 年，中国画学会在厦门举办年会活动。左起：方楚雄、邓林、姚思敏、陈永锵、何水法合作大画

2021 年，左起：黄格胜、方楚雄、方楚乔、吕品田、张志民

郭味蕖的精髓，关注花鸟的生存环境，通过古井、石磨、草垛、藤筐、柴捆、扁担，描绘宅前屋后、篱下溪边的动人景观，抓住可感细节，开掘引人留恋乃至发人深思的诗意美，讴歌朴素自足的农家风情，赞美生机无限的山区情境，平实质朴，意趣盎然。

传统的花鸟画，以动植物为主体。其中，动物最能与人沟通，但窘于“以形写神”的精微，历来擅长者不多。方楚雄的一个亮点，便是画百姓喜闻乐见的动物，既惟妙惟肖、栩栩如生，又与环境依存，富有意趣和情境。家禽家畜，多活跃于朴素的田园，流露出生命的自由，歌颂着生活的恬静温馨。山禽猛兽，活动于大野长天、深山老林，赞颂着大自然的雄奇高旷。他画各种畜兽，既表现动物间的感情，更表现人的感受。幼畜的天真、亲子的深情、情侣的亲密无间、鹰虎的大度安详，无不是生命的感悟、亲情的寄托。

中国的花鸟画，讲求“移生动质”，方楚雄继承了这一传统，他精于描绘花木禽兽的生命状态，表现古木老竹的旺盛活力。他摆脱古人的“折枝”模式，不画细枝而画老干，放大局部，以特写镜头凸显生命的饱满、夺人的气势和内聚的张力。稍后更推出了大境界作品，以宏大的构图，仰视的角度，画硕大无朋的老梅老松，枝干如龙似虬，繁枝密叶，千花万蕊，铺天盖地，空隙透光处，露出无尽而邈远的长空，时有山禽飞翔栖止。他一反古人作品鸟大枝细的描写模式，恢复了真实比例，由意趣生动变为意境深远，从歌颂生命走向了礼赞生态。

有人说，方楚雄的画雅俗共赏，在我看来，更恰当的说法是谐俗而入雅。谐俗，一是题材的通俗性，二是顺应当代的文化心理与视觉经验。入雅，不是复兴古代的雅人高致，而是以“天人合一”“道法自然”的文化观提升精神境界。当下，农业文明迅速向工业文明和信息文明迈进，人们受到的感官刺激丰富了，物质欲望膨胀了，快餐文化泛滥了，浮躁情绪增长了，产生了无名焦虑，失去了精神家园。而方楚雄的花鸟画，敏锐地把握住人们回归自然的心理，从抓住观者眼球入手，自觉接续花鸟画的文脉，讴歌和谐精神，注入人文关怀，把花鸟画当成寄托理想情操的精神家园。

独特的艺术道路与花鸟画教学

20 世纪以来，西学的东渐，西方艺术观念和写生训练的引进，一方面有助于改变晚清绘画主流的形疏神失，另一方面也对传统有所遮蔽。方楚雄的得天独厚之处，在于独

枣庄榴王
2015 年　纸本
183cm × 243cm

山東棗庄市南嶧城區的群山之陽有石榴園
十八萬畝現有石榴五百三十余萬株始建於西漢
成帝年間距今已有二千年歷史素以歷史之久面積
之大株數之多品色之全果質之優而聞名海內外稱之
冠世榴園乙未中秋前夕小住棗庄時值碩果累累其中
以大紅袍之色美白石榴之清甜大馬牙之籽大皆三
最為出名 楚雄兆洁並記

2008 年，方楚雄与众位老师为汶川地震合作募捐

特的学画历程与艺术道路。他早年受教于上海美专的王兰若和刘昌潮，接受了来自海派雅俗共赏又重视笔墨的传统。青年时代入广州美院，师从黎雄才、杨之光、何磊、陈金章，接受了岭南派折中中西、与时俱进的传统，更强化了坚实的造型能力，养成了感悟花鸟世界的艺术思维。其后，他北上问学于李可染、孙其峰，吸取北派的精雄大气，并上追宋元，旁及明清，由远及近，深入研究传统精神和历代画法，兼采西方形式法则，形成了以创作式写生为基础、细笔为主调兼容并纳的创作道路，在不断开拓题材提升境界的同时，推出了温煦而开张、严谨而不拘、清新而质朴、浑然大气而细节精到的风格。

他的本领不限于花鸟畜兽，人物山水也样样精通。就花鸟画而言，他既能工笔，又能写意，兼工带写是他的主要风貌。这种面貌的作品，材料是生宣纸，画法以工为主，以写为辅，以中为体，吸纳西法，由近及远，集传统之大成。透过他的作品可看到宋元人体察物象的精心，明清人笔墨提炼的精致，近代水墨写实的精微，西

家乡狮头鹅
2016年　纸本
138cm × 69cm

硕果四季丰（方楚雄、林淑然合作） 2022 年 纸本 102cm × 514cm （广州国家版本馆收藏）

方现代绘画强烈的形式感。他的作品，论艺术观念，是程式提炼与写实造型的结合；论画法技巧，是以使笔运墨为基干，博采其他多种画法，按对象不同而斟酌选用，分别组合。

他艺术的整体面貌，更接近元人一笔不苟的墨笔花鸟，但辅之以双勾白描、勾勒设色、没骨与水墨点笔，至于石磨、井台、石阶，特别是树木的老干，则引进山水的积染皴擦。和元人的墨法比，既增加了写实的成分，又辅以宋人的精到设色，甚至在水墨与色彩的结合中讲求色调，实现了造型与笔墨、水墨与色彩、双勾与泼写、细绘与粗画的统一。其中工致画法唱主角，工而不板，写中带工，整体面貌精到而有提炼，繁茂而不失灵透，宁静温馨而生机勃发。

“集其大成而自出机杼”，曾是不少人借古出新的途径。方楚雄的不同之处，还在于高度重视对物写生，直接吸取源头活水，澄怀感物，寓情于理，亦引进写实因素，贵似求真。他的写生方法，不外两种：一种是现场铺纸，取舍加工，挥笔运墨；二是以线描提炼对象，但不是被动的，而是取精去粗，有删减，有加工。古代的花鸟画家，大多以梅兰竹菊为基本功，理解如何以笔墨概括对象，怎样在平面上处理空间，方楚雄的传统基本功很扎实，还出版过梅兰竹菊四谱。但他绝不依样画葫芦，

而是以古人概括对象之理，在写生中提炼自己的画法，形成自家图式。他画松树的老干细枝，绝不用古来袭用的鱼鳞皴，而是自创更肖似对象的皴法；他画的捆捆柴火，或只剩干枝，或带着稀叶，概括而具体，早已成了他特有艺术标签。

他的花鸟画，在精神品位上追求高度，在艺术表现上讲求难度：一个是造型的难度，一个是笔墨的难度。工有写的笔墨，写有工的造型。一般而言，他的花鸟画单纯且丰富，不过分强调空间，立意鲜明，但细节丰富，引人入胜，这符合传统的欣赏习惯。但他又非常注意整体，不时在构图上突破习惯思维，强化形式感，给人以较强的视觉冲击，比古人更注意线与面、光滑与粗砺的对比，务求贴近现代的审美经验。他的艺术继承传统，面向现实，融入当代意识，用写实纠正空泛符号，以写意强化主观感受。他的作品不断贴近生活，又不断提高生活；不断吸纳传统，又不断超越传统。他善于把创造置于难度中，把灵性寓于规矩内。

教师的职责，被称为“传道、授业、解惑”。得道的程度，专业的实力，人品的修炼和艺术的真知，都会体现在教学中。方楚雄的教学，总结了历代中国画教学的经验，融入了其独特艺术道路上的实践与思考，把院校教育的系统性、开放性，与师徒教育的传授性、引导性结合起来，主张路子要正，起点要高，目标要远。他

小憩
2016 年　纸本
138cm × 69cm

的教学，既有当代院校美术教育的普遍性，又有师徒言传身教潜移默化的具体性，立足于培养现代创作人才的目标，接续了传统美术教育的文脉，以教学的严谨规范，培养学生创作的才能与个性。

当代的中国画教学，普遍分为基础训练、创作教学与文化课程三大块。方楚雄教学的一个明显特点，是着眼于教学环节的深层联系。指导的基本功训练，务求严格而扎实。主持的创作教学，务求出新意，显个性，有难度，求精良。文化修养课程虽然另有师资开设，但他不但鼓励学生学习画论、画史、诗词歌赋、哲学、美学等传统文化，而且经常开列书目，指导研究，并且创设了“方林美术史论奖学金”，通过推动理论建设来传承和发展中国的花鸟画。

他紧紧围绕着生活、传统与创作的关系，把基本功概括为造型能力、笔墨技巧与构图能力，打基础的范围涵括工笔与写意。对于临摹教学的要求：一是严格，通过整体临、局部临，以求切实把握原汁原味，避免主观随意降低质量，以便学生真正掌握笔墨规律；二是示范，不但口传心授，而且抓住实践性教学训练心手眼一致特点，通过示范，金针度人，学生们称之为“手授”；三是深入，不是就笔

2010 年 10 月，“可惜无声——方楚雄的艺术世界”研讨会现场

2019 年 10 月，方楚雄在广州美术学院中国画学院党总支会上讲“教师职业与艺术生涯”

2019 年，方楚雄在四川美术学院讲课

2008 年，方楚雄作课堂示范

墨技法学习笔墨技法，而是要求通过经典作品的题材立意、风格技巧，引导学生进一步结合记载，深入了解作者的艺术道路、师承关系、理论贡献，把临摹视为深入研究传统的过程，务求知其然更知其所以然。

深化写生是方楚雄教学的关键，他一直亲自带领学生到各地写生，务求通过写生解决下列课题：一、贴近生活自然，在身与物化中丰富感受，发现平凡中的美；二、锻炼造型能力，避免自然主义的被动描写，摆脱概念化的观察习惯，检验并发展古人的画法，形成以笔墨直接提炼对象的能力；三、锻炼构图技巧，围绕捕捉到的意趣意境，通过宾与主、动物与植物的剪裁、挪移、详略、组合，形与线、墨与色的统筹安排，对比呼应，因地制宜地传授构图规律。

值得注意的是，方楚雄指导的写生训练，已经把基础教学与创作教学有机地结合起来，为创作打下了坚实而又有利于发挥创造性的基础。他的创作教学，就培养和提升学生的创造能力方面，形成了三个特色：一是因材施教，鼓励个性，发现学生的苗头，发挥其特长，放大其闪光点；二是关注前沿课题，在深入传统、消化传

滇西春情
2012 年　纸本
300cm × 146cm

猴子王国
2015 年　纸本
180cm × 94cm

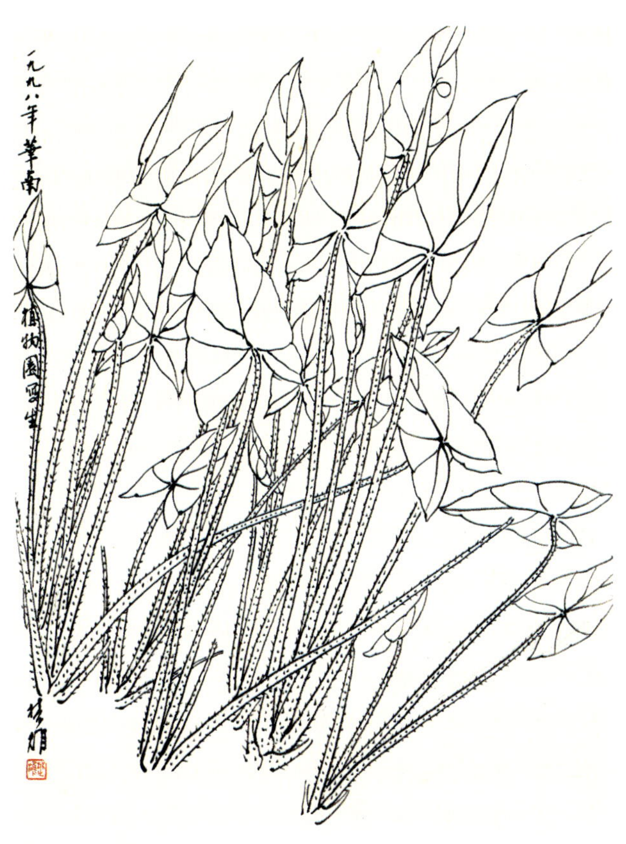

华南植物园写生 1998 年 纸本 46cm × 34cm

新蔬出泥香 1999 年 纸本 46cm × 34cm

统的基础上，走出传统，在深入生活、深化感受的基础上，高于生活；三是以高格调、高品位培育个人风格。

为人平和而艺术精进的方楚雄，在花鸟画创作和教学上，早已成绩斐然。总结他的经验，我看可以概括为六个字："溯源""汇流""精思"，亦即坚持吸取生活的源头活水，善于汇集传统和外来的艺术，精于思考传统精神和时代审美需要，这也是他的艺术道路和艺术教学给予大家的宝贵经验。

（原载于 2010 年高等美术出版社出版的《中国花鸟画教学》）

海南苗寨写生 1998 年 纸本 46cm × 34cm

丹青流芳

——方楚雄的花鸟画创作和教学

文／吕品田

中国现代美术史上的岭南，可谓传奇之地。百年来，这方沃土滋育了一个在规模、水平或影响上都堪称超拔的美术群体，且英才人物赓续不断、层出不穷。最令人称奇的是，尽管在欧风美雨的冲击下，岭南美术群体依然是根系本土的一派水木清华。方楚雄和他的花鸟画艺术，便是其中不为风吹雨打所动、不为波谲云诡所惑，坚定自持、从容自若地根固中华艺术厚土，以至春华秋实、灿然坚成的卓然之景。

方楚雄之所以能够赫然而立于当代中国花鸟画坛，在于他清醒地认识到“继承传统，面对现实，是当代画家所面临的两大课题”，并始终在这两方面虔敬正诚地修为探索。

在“继承传统”方面，方楚雄是知行合一的践行者。对中国绘画传统精神和花鸟画堂奥的深刻领悟，是他做足传统功夫、沿主流正道一路精进的底蕴。花鸟画自晚唐独立以来便循国画发展规律，持续地进行着以法式为主的绘画语汇构建和演绎。画家观照花、草、鸟、兽、虫的专注性由“外观”渐趋“内视”，价值取向也由“存形”渐转“写意”，日益强调画者对“花鸟”这一文化空间的认识和感受。表现于绘画形态上的这种纵深化发展，在于“形”“色”认识不断转化为画法上相对稳定、相互关联的“笔”和“墨”，形成以程式化、类型化形色关系和语汇组合，概括提炼自然形态、集中表现主体审美认识和绘画规律性的法则法式。笔墨的纯化和纯化的笔墨是花鸟画发展的结晶也是其突出的审美价值。

1989 年，刘昌潮老师出席方楚雄在汕头画院举办的个展

1994 年，方楚雄与启功先生、黎雄才先生等在一起

2005 年，方楚雄与王兰若老师、黄文凤师母、王种玉在八分园

就当代花鸟画创作而言，继承传统的大课题，根本的“大”在笔墨修为。深谙于此的方楚雄，没有把这种修为简单地理解为“回到过去”，而是将其与“形”的深度把握联系起来。他早年从学于海派文脉的王兰若和刘昌潮，后师从于岭南画派的黎雄才、杨之光、何磊、陈金章，之后又北上问学于李可染、孙其峰诸师，转益多师的构成具有交融中西两路优秀艺术传统的丰富性。他在广州美术学院国画系接受了体现西方写实传统风格的严格训练，具有扎实的写实造型功底和对景写生能力。在他看来，形是花鸟画作为造型艺术的基础，“下笔便有凹凸之形”的造型能力是达到传神的必要条件。因此，他认为早年得益于写实人物画长期训练的造型能力基本功，对自己的花鸟画创作有直接的影响。然而，他也深知中国绘画传统不以描摹“物象的形”为满足，而要求主动地把握自然、以至超越客观物象束缚而获得“表现上的自由”来表达自己的情感。他尤其重视另一个“形”——程式。他形象地比喻前者为“砖头”，后者为“砌法”。作为“砌法”或“形式符号化的表现手法”的程式，使花鸟画之“墙”所呈现的“形”具有“很多的不确定性”，而这些“不确定性”也正是“表现上的自由”。

芦丛珍禽 2006 年 纸本 124cm × 246cm

以前者为基础为手段，以后者为高致为目的，在体现“内视”眼光的“砌法”中，赋予“象形”以超脱客观摹拟之束缚的“写意”自由，使绘画形态成为传神达意的“写意的形”。方楚雄令人钦赞之笔墨功夫与笔墨功效的底气，其诉诸笔墨语汇的“造型”能够融写实造型技能却不陷于实对的底蕴，都在于对“形”的深度认识和追求。其广采博取、研精究微的修为，因为心存心系“砌法”，以至即便写生之形也不会沦为自然主义的“写实”，而每每为温润圆融、湛深雅正的笔墨所“格式化”。观其花鸟画作，无论工中见写或是写中带工，无论双钩敷色或是没骨泼写，笔墨间既有质直浑朴的用情又可见周正精妙的法度，可谓“迹与心合”。缘于笔墨化的“表现上的自由”，清气、文气和秀气在其幅间汇成坦荡大方、刚健圆浑的正大气象。

笔墨化的“表现上的自由”，体现了传统的发展性也是其旺盛生命力之所在。对于画家来说，要达到这种自由的理想境地是有条件的，其中最根本的条件在于主体人格。中国绘画传统重视人品，即强调主体人格对艺术创作及审美自由的决定性影响。高致的人格不只是伦理道德意义上的，还是参悟大道、敏于时变以至澄明通透、正定浩然的卓然心性，是深切融入并修炼于社会生活中的一种豁达人生状态。由此而能形成明澈的"内视"眼光，为"格式化"的笔墨呈现活泼丰沛的"心源"。这当是方楚雄所强调的"面对现实"的课题。

在方楚雄看来，社会生活是一本书、一个大课堂，艺术家可从中不断学习以至充实、修炼、升华自己。同时，社会生活的生动性是造型艺术形象不可重复的源泉，无穷变化、丰富多彩的现实事物总是激发人的新鲜感受，它给艺术创作带来丰富的素材和灵感。只有关注社会、重视生活，艺术家才能发现和感受到作为"天地之大美"的现实的生动性。为此，他积极主张面对现实，大力践行于深入生活、贴近自然的写生。他认为"写生是画家认识生活，收集素材，锻炼艺术技巧最好、最直接的方法"。但不同于单纯对景描摹的一般写生观念和作风，他所倡导的"写生"既包含忠实对象的摹写功夫，还包含观察、默记、体会等认识功夫。他强调"以万物为师，以生机为运，以心象为神""状物而不为物所役"的主观能动性，强调触景生情、有感而发、积极取舍、处理转换，变"对景写生"为"对景创作"的写意创造性。在他看来，这样的写生可以解决概念化、简单化、表面化的弊病，以至消除花鸟画那种陈陈相因和落入俗套的弊端。在生活中修身立本，从高致人格的"心源"着眼，以至"形成了以创作式写生为基础、细笔为主调兼容并纳的创作道路"（薛

西坑梅花写生　2022年　纸本　70cm×46cm

北海古松写生　2021年　纸本　45cm×33cm

2010 年，方楚雄与众弟子。前排左起：郑阿湃、吴彩皓、方楚雄、许敦平、陈天硕。后排左起：许晓彬、刘富业

永年语），这是方楚雄回应“面对现实”之课题的成就。

方楚雄以独树一帜的创造，揭示了当代花鸟画在传统基础上推陈出新的巨大潜力和广阔空间。他沿笔墨修为深入传统文脉，从中汲取文化精髓，亦以写生方式贴近现实生活，从中领略时代精神，始终沿国画艺术的主流正道与时俱进的创造性实践，对传承与发展花鸟画艺术的当代探索具有教科书的意义。他兼重状物传神、写境造境、循法开新、品格意趣的鲜明创作取向，讲求率真质朴、清新明丽、精谨浑厚、雍容典雅的独特风格建构，以及以选材丰富亲切、构思新颖巧妙、构图饱满有致、造型形神俱备、笔墨温润雅正为表现的相应功力，代表着当代中国花鸟画创作的主流作风和高端水准。

令人钦赞的是，方楚雄以其深思熟虑的艺术观念和丰厚精湛的创作经验认真执教，为花鸟画艺术传承与发展培养了一大批优秀的青年人才，也为当代花鸟画以至整个中国画教学提供了一种自成体系的教学方法。针对本科生，他强调循序渐进的

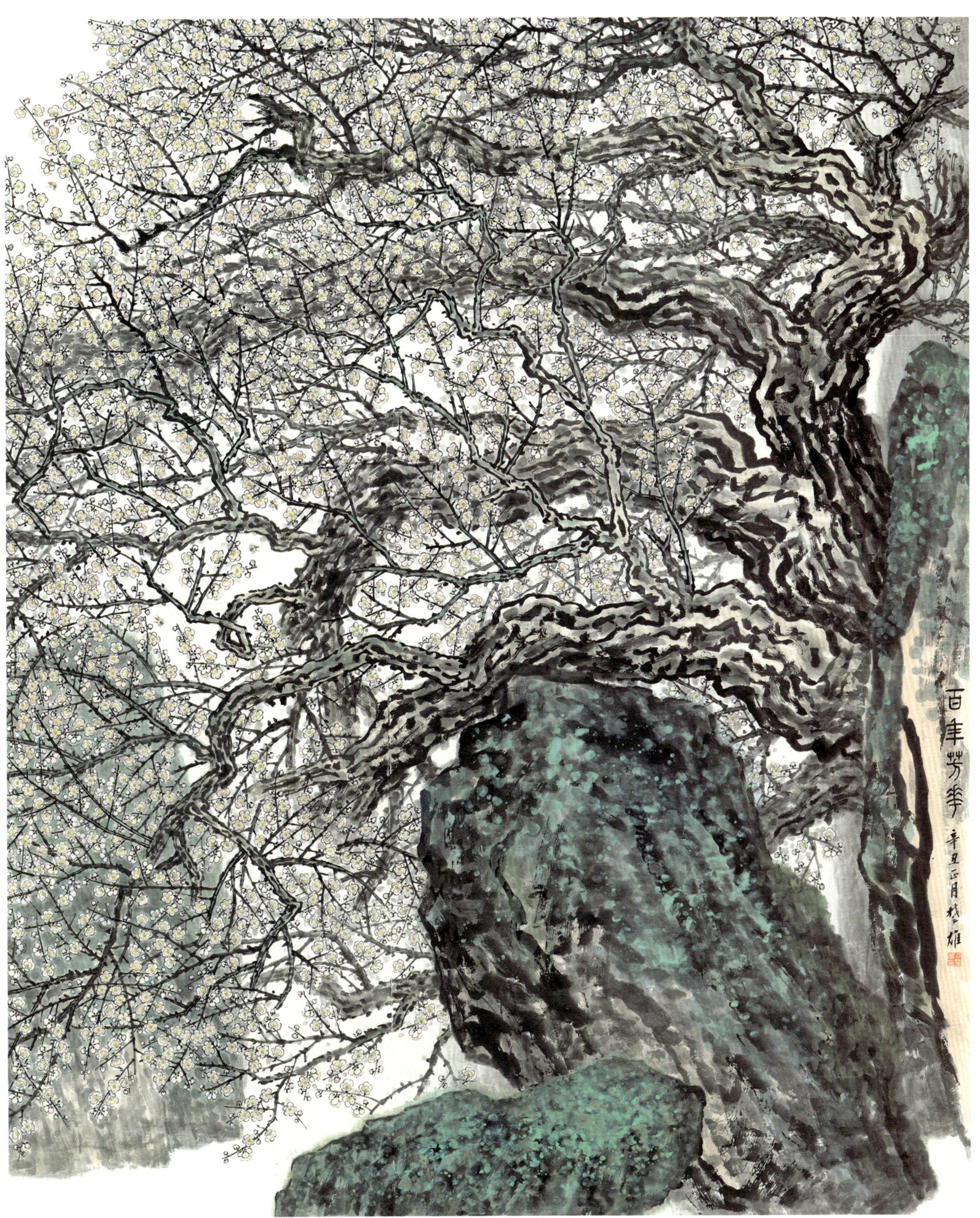

百年芳华 2021 年 纸本 242cm × 201cm

基础教育，要求于严谨扎实学风的养成和基本理论、方法、技能的掌握；针对研究生，他强调在本科教育基础上的个性化培养，要求于独立思考、较强研究与创作能力的培养和艺术个性的发挥；针对进修生，他强调思想认识、审美趣味、艺术作风的引导和规正，要求于俗套劣习的摆脱和基本功、创造能力以及艺术格调的提高。他将“继承传统、面对现实”的基本课题融入一以贯之的教学要求和循序渐进的教学环节，并具体化为以临摹为主的传统学习、以写生为主的造型训练、专业技法训练和基于生活的开拓性创作四大教学单元。这其中的写生教学是贯通“传统”和“现实”的中介，而重在掌握笔墨程式画法的专业技法训练则是强调对“形”以及国画造型规律的深度认识。

通过理论讲授、课堂示范和带领写生等具体教学实践和以身垂范、为人师表的潜移默化，方楚雄在花鸟画教学方面取得了显著而骄人的成效。此际参展的几位艺术新锐，都是方楚雄的得意门生，他们出色的创作可谓先生艺术教学特色和教学成就的见证。许敦平的作品格局舒展开张，笔致敦厚朴茂，扎实的传统功底和率真的性情意趣在幅间自然交融，透着盎然的生机和不事雕琢的天趣。郑阿湃善于综合新颖别致的构图、概括利落的造型和丰富细腻的刻画与渲染，来营造既有装饰感又清新雅丽的审美境象。许晓彬从生活即景中感悟诗意，通过工写结合的恬淡笔致和考究的景物组合，造就流溢卷面的氤氲之气和简远闲静的意境。杜宁以拖泥带水式的枯笔写意手法，表达一种狂放而又缠绵的情愫，恣肆的挥洒中透着从容优雅的节律和朴厚苍浑的韵致。罗玉鑫的作品讲究经营布置的微妙、细部刻画的精致和形色比照的整体气象，画面开合大方、张力蕴藉，散发着浓郁的时代气息。

“丹青芳华，墨香绵州”开展在即。方楚雄先生和众弟子会聚一堂，展示交流师生间的佳作和心得，其意义不仅在于师门一派的宣传，更在于艺术大道和文脉雅风的普遍传扬。衷心地祝愿展览圆满成功。

（原载2021年安徽美术出版社出版的《天地生灵——方楚雄的艺术世界（二）》）

古藤繁花
2003年　纸本
200cm×143cm

柳荫四骏图 2015年 纸本 145cm×367cm

自然美·生活情

——论方楚雄花鸟画的艺术特征

文／尚　辉

花鸟画的视觉化已成为当下中国画发展的一种鲜明态势。这种态势促使中国画开始探索画面抽象形式感，尤其是注重对那些隐藏于形象内部的抽象形式结构的发掘，从而体现与城市审美经验相适应的中国画现代审美精神。但其问题也导致了画家对审美对象缺乏精深的研究，形象的概念化在很大程度上造成了中国画表现的粗疏与浮泛，往往徒有一副漂亮的外相而缺乏内在质朴的美感。就花鸟画而言，这种过度偏重内在形式结构的臆造，使画家表现对象的范围逐渐收缩，并因形式感的追求而多偏向花木题材的绘写，花鸟画之中禽鸟的表现反倒被忽略，甚至许多画家都较少涉及了。正是在这种概念化的花鸟画创作倾向中，方楚雄那种囊万物于笔端、将花鸟世界的自然美与人之于社会的生活情融为一体的花鸟画凸显而出，成为当代画坛上一种鲜见的勇于回到生活中表现现代人文精神的集大成者。

出生于潮汕的方楚雄对热带风物自幼就有着某种亲近感，因而他笔下的花木多不是传统文人花鸟的题材，而是南国硕大浓艳的果木与花卉，这为他的花鸟画带来了一股繁茂浓郁、清新自然的画风。的确，地处亚欧大陆的东南端、濒临南海的潮汕属亚热带季风气候，热带雨林、南国花木给予他的花鸟画以丰饶的画题，这迫使他不断通过写生来熟稔那些传统笔墨中不曾出现的花鸟世界，从而为他花木禽鸟题材的丰富打下了深厚的基础。在笔者看来，方楚雄是继齐白石之后能够不断扩充花鸟画题材的一位代表。在20世纪以来的花鸟画家中，齐白石无疑是尊重眼见花木

纳凉　2007年　纸本　167cm×145cm

描写的画家，他的画风亲切平易大多来自田园风物，因而齐白石笔下的花鸟题材最为丰广。而方楚雄笔下的花鸟题材，竟亦如此丰饶。纳入画面的走兽禽鸟就有虎、狮、象、熊、豹、驴、猴、狗、猫、鸡、鹅、兔、雁、鹰、松鼠、孔雀、喜鹊，等等；花木除了传统的松、竹、梅、兰、菊，他还特别擅画棕榈、菠萝蜜、荔枝、芭蕉、椰子、可可、洋兰、绣球、玉兰，等等。

在笔者看来，方楚雄笔下的花鸟题材跨度之大，是一般花鸟画家所不能驾驭的。譬如，一般画家较少涉及大型走兽，如狮、虎、豹、大象等，而擅长画大型走兽的，又很少画鸟类题材。这种情形除了难以把握大型走兽动态结构，还因表现对象所营造的画面气象和一般花鸟对象表现的田园意趣相去较远，难以统一。就方楚雄涉猎的热带花木而言，菠萝蜜、椰子等大型果实虽好吃好看，却未必完全入画，而一些大型花卉虽浓艳娇美，却也难能入得了笔墨。因而，来自岭南的花鸟画家虽亲近于当地花木，却未必能够画好中国花鸟画中的热带花木。但方楚雄却能做到游刃有余，纵横捭阖。这一方面说明了画家善于观察、勤于写生、长于默记，将一般画家不太重视、难以驾驭的走兽禽鸟的结构、动态了然于心，随手拈来；另一方面则表明画家能够将这些动、植物造型有效地转化为笔墨形象，将自然描绘化为人文精神。

中国花鸟画从根本上说，不完全是描绘和再现自然的艺术，其转换的立足点显然不是西方静物画的造型与色彩，而是将这些自然造物组合在一起所表达的审美意念与审美理想，以及通过中国画独特的艺术语言——笔墨所呈现的精神品格与人文

笑俯大地
2014年　纸本
189cm × 248cm

境界。方楚雄花鸟题材虽跨度大，但用于表现画面的笔墨语言却十分统一，这就是小写意用笔的精微秀雅、墨彩的清丽温润。综观方楚雄的花鸟笔墨，既鲜有工谨的描绘，也极少大笔头的墨块，而是以平和淡定的笔线勾染。再复杂的对象，也总是极力用写意笔墨去概括；再简括的对象，也总是尽力用分切的用笔来绘写。这种简中求密、繁中求简的画法，促使他的笔墨始终处于疾徐有致、干湿得当的状态，而极少大湿大干、拉大浓淡色度。正因如此，他的笔墨才达到了状物的最大表现力，不论描绘大型走兽还是刻画细微的虫蝶，也不论状写南国花木还是意笔文人竹兰，都能以笔墨去化解、用笔墨去说话，而不是在对传统较少或罕有涉猎的花鸟题材面前束手无策。

就方楚雄笔性而言，他追求的是静雅秀润，而不是雄浑刚健。因为静雅，他才能够将南国诸多茂叶硕果转换为具有笔墨意态的中国画，勾染结合的叶片往往撑起繁茂而华贵的树冠，勾皴结合的树干往往形成画面最有效的笔墨领地。显然，勾染，是他状写花木禽鸟最基本的方法，由此也形成了他精微描绘对象的艺术特征；而勾皴，则是他发挥画面笔墨写意最常用的路径，由此而构成了他挥毫泼写、以粗衬细、以墨映色的独特艺术风貌。其墨色的静雅显于勾染，色雅笔静，不温不火，因而他画最浓艳的孔雀、鹦鹉、菠萝蜜、荔枝等绝不艳俗；其笔墨的温润见于勾皴，浓淡枯湿一任笔情墨趣的自然生发，从而在小写之中展现其大写的精神。

对笔墨精微与疏放的追求，还促使方楚雄的花鸟能够在实写之中呈现中国画特有的意蕴。方楚雄是位尊重写生、注重感受的花鸟画家，他的画作很少重复，绝不雷同，几乎每作都有构图与境界的新意。显然，这得益于他常年从现实生活中得来的画稿，并善于从日常生活的不经意处发现美感并提炼出隽永的诗意。但现实对象转换为中国画的美感，除了通过笔墨语言，也还需要锤炼构图、纯化形象，方楚雄正是在那些看似来自自然对象描绘的画面上，实际上却进行了视觉形式的单纯化淬炼。譬如，他画的《岁月》尽量回避传统画竹的程式，但在铺满画面的青竹之中，依然遵循着线面布排的规则；他画的《卧龙松》虽枝干的虬曲生动来自写生，但搬进超宽的画面又必须进行结构重组，并以横而向下的枝干巧作构成。再譬如，传统花鸟以折枝居多，折枝就回避了自然之中繁缛枝叶的描绘，但南国花木大多是枝繁叶茂的，因而没有描写枝繁叶茂的方法，也便不能丰满地表达南国花鸟的特征与情韵。他画的《参天》《鼎湖山中》《藤韵》《雨林聚珍》《叠翠》和《孔雀家园》等作品，便是以热带雨林丰饶的植被为描绘对象，这对于传统花鸟画笔墨语言来说，

野象谷 2017 年 纸本 300cm × 248cm

万物自在 2021 年 纸本 209.5cm × 499.5cm

无不具有全新的挑战性。但方楚雄却能于此梳理树干与丛枝、阔叶与针叶、藤蔓与气根的各种层次，并在画面上进行隐性的线面关系的重构，从而达到繁复而有序、茂密而疏朗的艺术效果。实际上，方楚雄花鸟画的巧妙与精致，也便于他能够在看似实写的画面中求得虚境、在貌似繁芜的对象里求得条理。

当然，方楚雄花鸟画的新颖与清丽，不但在于他对表现题材的扩大，在于他能以秀雅温润的笔墨转换南国花木，而且在于他对当代花鸟画审美内核的精彩诠释。花鸟画在脱离传统文人画孤高冷逸的审美境界之后，终于迎来了现实性的转换，表达当代人与自然的关系显然已成为传统花鸟画现代性探索的重要命题。在方楚雄的

花鸟画作品里，人们看到这个时代人们对于自然的热爱与依恋并不因城市化和现代化而减弱，恰恰相反，方楚雄通过自然花鸟表达的生态家园已成为这个时代人们精神家园的重要组成部分。因而，方楚雄的花鸟世界首先是对自然美的礼赞，是自然美颂歌。他的花鸟画并不停留于对自然的描绘，他对自然的讴歌在很大程度上表达的是一种生活态度，即他画的走兽从来都不是表现其凶猛险恶的一面，而是表现其亲情、稚拙、嬉戏的可爱一面，如同人类之间各种亲爱友好。也可以说，点缀花木间的走兽禽鸟往往都以拟人化的方式来呈现人的情感，而这种情感都成为画面表达生活诗意的重要表情。

毫无疑问，方楚雄的花鸟画既为自然传情，也以自然美来表达人类对自然的热爱，但更重要的是，他所描写的花鸟是对生活诗意美的提炼。他于 20 世纪 80 年代创作的成名作《故乡水》，画作上的龟背竹、兰花与雏鸡无不是运用传统花鸟画元素来表达对故乡水的一种深切情感，画面近于写实透视的描绘也暗示了他的花鸟画对实景——花鸟自然生态表现的重视，体现了他对生活美的发现。而此后创作的《油棕》《林区所见》《山竹》和《石磨》等，莫不显现了他擅长从现实的一土一石、一草一花中所洞见的生活诗情。正因此，他的花鸟画在表达自然美的同时，始终把发现和提炼生活诗情作为画面审美的灵魂，由此可见，方楚雄作为一个现代花鸟画家，他将传统花鸟推向现代人文精神表达与现代审美理想探索的高度，这是值得大家学习的。

（原载 2021 年安徽美术出版社出版的《天地生灵——方楚雄的艺术世界（二）》）

暮色苍茫
2004 年　纸本　179cm × 191cm
（入选第十届全国美术作品展）

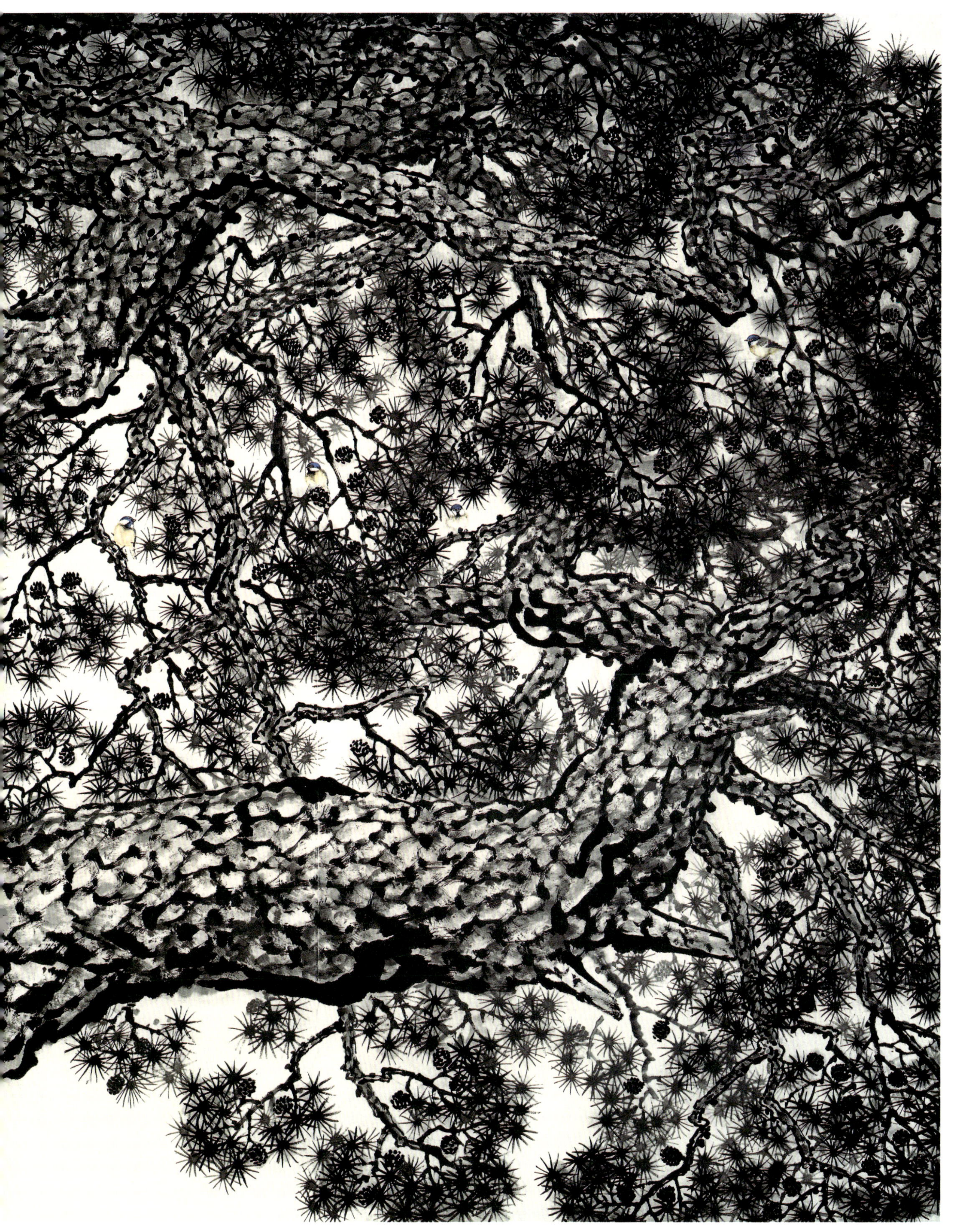

林间猴王
2016 年　纸本
138cm × 69cm

梨花三羊
2012 年　纸本
138cm × 69cm

生命精神的礼赞

——方楚雄先生作品展序

文 / 吴为山

岭南大地，红芳绿笋（唐 · 戴叔伦），青山不老，孕育了品格、精神与价值自成一脉的岭南画派。自 20 世纪初以来，岭南画派吸收中原各地及外来文化，通过长期融汇创新延绵至今，形成“折中中外、融汇古今”的艺术主张和风格面貌，名家辈出，声动宇内，方楚雄正是岭南精神的守护者、弘扬者。

方楚雄的艺术很好地继承了传统，他将岭南画派独有的笔墨方式内化为自己的文化基因并投射到作品中，其理念、技法、意境皆源于地域性的文化认同，尤其是已臻妙境的花鸟画，吸纳中外表现技法，熔炼古今审美意蕴，在当代中国画坛独树一帜。

我以为，方楚雄艺术的主旋律就是对生命精神的礼赞。众所周知，千年以来中国画家一直以通天尽人的胸襟追求超越形质的深邃意蕴和超越时空的无限境象。如果说山水画彰显的是宇宙境界，人物画高标的是道德境界，那么花鸟画则映现了生命境界。在中国人心中，万物都参与了生命的大化流衍且一体并进，花木翎毛、走兽鱼虫，均昭示着无所不在的生生之德。而方楚雄的花鸟画，便是画家体察天地万物的盎然生机而营造出的一派郁勃活泼的生命境界。

中国人的生命观有形上与形下之分，形下生命为自然生命，形上生命为精神生命。方楚雄笔下的花鸟世界虽然画的是植根于现实世界的自然生命，但这些自然生命背后却又弥漫着昂扬的精神生命，它真实反映了画家欲将现实世界提升到理想的

1985 年，方楚雄与吴冠中、贾又福先生于深圳美术节

1994 年，方楚雄在香港黄永玉先生家中

2013 年，方楚雄与贾广健

价值世界的意图。最明显的表现是，花鸟画的表现对象在方楚雄这里得到了极大的丰富，特别是南国繁茂的热带风物成为他区别于古人与时贤的最具代表性的属己标志。而此标志亦是方楚雄艺术能够在自醒、自悟中逐渐培养起自觉意识，实现沿古映今并不失时代风神的关键所在——他创造性地变通承载了中国花鸟画的传统写生意识与现代西方传入的写生方法，探索出现代语境下极具个性的创作理路。

北宋苏轼《书鄢陵王主簿所画折枝》诗："边鸾雀写生，赵昌花传神"，一方面将"写生"概念规定为写出生动之姿、写出生意，同时又与"传神"对仗，暗示写生与传神都是对现实的深化和升华。清代邹一桂《小山画谱》中又说："用意、用笔、用色，一一生动，方可谓之写生。"对花鸟画意、笔、色各个方面提出了整体性要求。方楚雄从传统花鸟画的写生路径中寻觅到现代转型的创作模式，不仅溯"道"追"理"、求"气"索"韵"，传递宇宙大化的生意，同时也面向自然、面向生活并将其诉诸毫端，紧扣笔墨本质去拓展个性艺术语言。我们看到，他的花鸟画灵秀温润，削弱了理性抽绎的符号化特征而注入更多可感可触的意味，给画面带来了更多的现实感、现场感和现代感，充分张扬了花鸟画的现代性意义和价值。显然，方楚雄的创作理路从未离开中国的传统文化，却能够扬弃文人艺术陈陈相因的

大漠古柳 2015年 纸本 124cm×217cm

大漠古柳
陕西榆林神树涧有上千年古柳群不过只见到二三百年古柳已非常壮观

颐和园古松写生 2021 年 纸本 33cm×45cm

概念化和程式化弊端，最大程度地统一了现实生活与生命意识，将深度、广度与温度并于一轨，不断地向精神的制高点迈进。

还值得一提的是，方楚雄突破花鸟画多为卷册小幅置陈布势难现大境的传统，创作了许多巨幅作品，画面中的物象丰富繁杂却安排得当、井井有条，精微中见广大，体现出极强的控制力。在我看来，这也得益于画家不懈追求而迸发出的饮羽之力。

以创进不已的生命精神与自然万物交感相通，是方楚雄艺术的动能源头，也是催生其无穷创造的机缘。正是它，使画家可以表达自己秉持的生命态度，展示自己钟爱的生命礼赞，凸显自己体察的生命境界。那一幅幅由稔熟且生涩之笔墨所描绘的画面，亦因涵映此生命精神的光照而升华为心灵家园，让人们徜徉其间，在艺术的创造中蔓延长存并期待与之共同不朽。

（原载2021年安徽美术出版社出版的《天地生灵——方楚雄的艺术世界（二）》，作者系中国美术馆馆长）

云水间
2023 年　纸本
227cm × 144cm

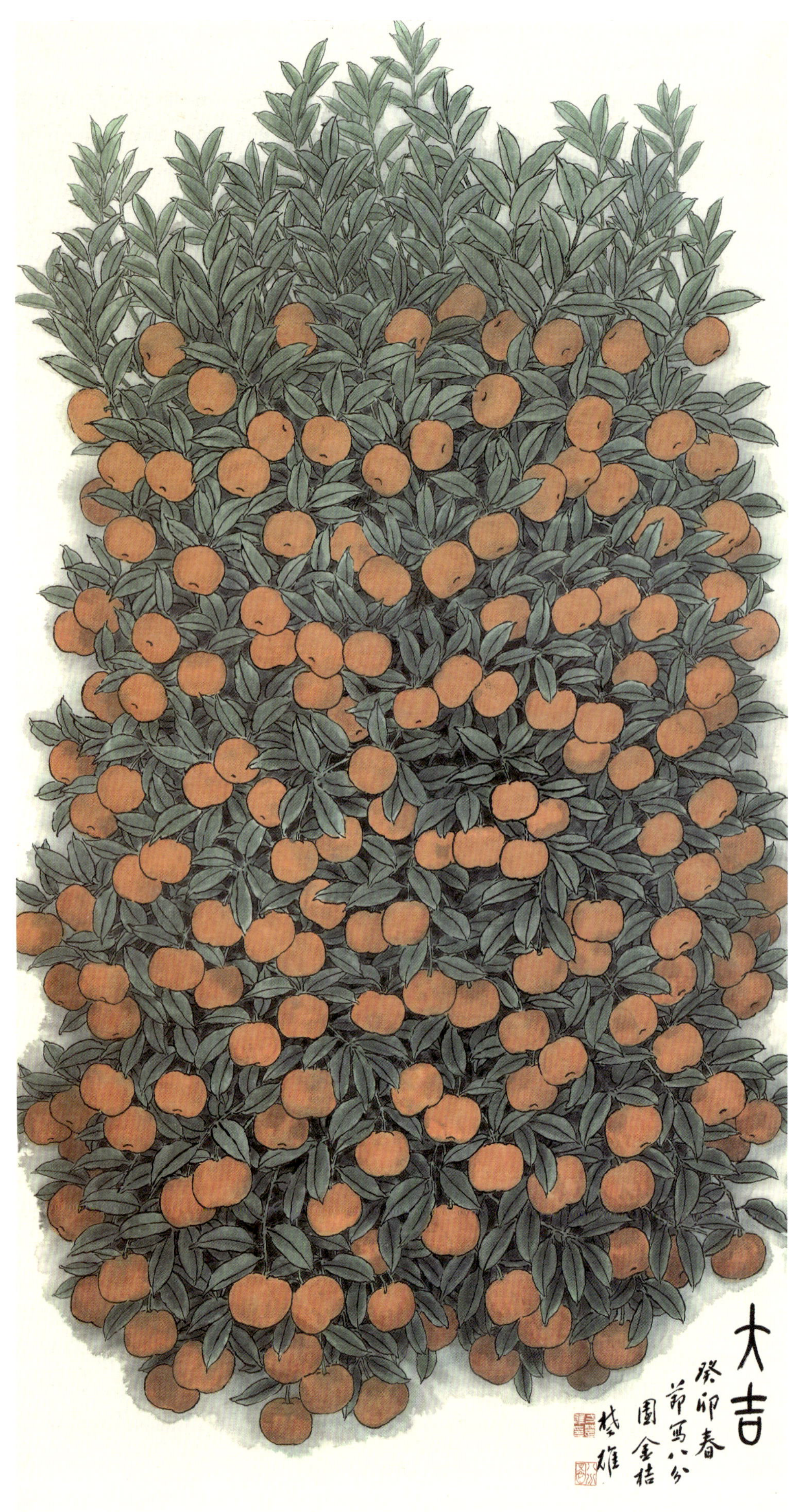

大吉
2023 年　纸本
181cm × 97cm

墙角古梅满树香
2022 年　纸本
138cm × 69cm

生灵翘楚　积健为雄

——方楚雄先生笔下的自然境界及其艺术内蕴

文／于　洋

20世纪中国花鸟画大家辈出，丰富多元的笔墨色彩与章法图式，曾经赋予这一画科以丰厚的艺术成就与时代内涵，同时也显现出这一特定画科在时代发展进程中的局限与问题。客观来看，在“大花鸟”的题材传统中，以翎毛畜兽为主体的动物题材，某种程度上已成为20世纪下半叶至今学院教学与创作领域的短板。或者说，无论是工笔还是写意，现代学院花鸟画体系长期以来偏重于对花卉植物题材的关注，而总体上疏于表现动物题材的现象，到今天愈趋显著。在这一画科趋势与文化语境中，岭南中国画大家方楚雄先生以独特的艺术语汇，及其对于畜兽动物题材的深入表现，独树一帜，自成一格，在当下中国花鸟画坛产生了广泛影响。

事实上，回顾传统花鸟画史，孔雀蜂蝶、珍禽名花的题材风尚，本与宫廷贵族的审美需求与殿堂装饰的需求密切相关，而唐五代以降鞍马畜兽题材的一度繁盛，则显现了人与其他物种生命、自然与社会的亲昵关系。而今方楚雄先生对动物自然题材的聚焦观照与表现，一方面接续延展了早期花鸟画的寓兴传统，另一方面也使我们反思这一画科的疆域范畴，及其在新的文化语境下社会寓意的广阔空间。

前岁曾随挚友许敦平兄到访方楚雄先生府邸，后来几次面叙请教，楚雄先生的温厚平和与其夫人的贤淑热情令我印象深刻。作为当今岭南画派的代表性大家，楚雄先生的艺术之路得益于现代学院教学与传统师徒相授的兼容并蓄和相互补益。他早年在故乡在启蒙老师刘昌潮、王兰若先生的指导下步入画学蹊径，入广州美院以

净土梵音 2015 年 纸本 123cm × 146cm

后，又得黎雄才、关山月等先生的直接影响熏陶。他在数十年来的创作教学思想中，强调宋代工笔花鸟画和明清文人写意画在中国绘画史上的高峰地位，同时撷取西画造型与明暗因素，将造化之理、生灵之趣与笔墨色彩之意冶于一炉。

在创作实践中，方楚雄先生数十年来专注于畜兽禽鸟、花卉植物题材的表现。在我看来，楚雄先生以其对不同题材的表现研究，形成了以下四个方面的个人风格与表现特色：

其一，楚雄先生自觉承续了岭南早期“二居”及“二高一陈”观照自然生命、

发掘社会寓兴的题材传统，特别是通过直接描绘虎、豹、鹰、鹫等灵兽猛禽，展现威武、力量、坚韧的民族精神，同时又寄托了可贵的人间趣味。如其1993年创作的《草莽英雄情意绵》，描绘了猛虎眷侣耳鬓厮磨的温情一幕，寓意家庭和睦；2018年的新作《瑞兽》，写番禺香江野生动物世界的白虎一家，雄虎气势威猛，雌虎温情脉脉，幼崽顽皮可爱，白虎的斑纹又与意笔表现的树木枝叶相得益彰，一派安定祥和的景象。

其二，通过近距离描绘家禽族群，表现乡土故园的静谧温情。如作于1999年的《晌午》，源自他在山东沂蒙山区的农家院落所见一景，斑驳的石墙、蓬松的高粱秆簇，以线条和色墨描绘的公鸡母鸡，以水墨渲淡的没骨手法烘托表现的一窝雏鸭，共同展现了中国画色彩质感的丰富多元与日常农家的温馨一角；而2018年的新作《林场初晴》则探索了更具现代感的形式语言，占据画面四分之三面积的苍劲梅树，形成了线面切割与折角的形式构成组合的精彩演绎，在落英缤纷的梅树下栖息的鸡群，更使画面平添生机灵动之趣。

其三，楚雄先生还通过自然环境下的动物形象，关注表现季节与时令的变化。如1996年创作的《霜天》，以雪地狼族的仰天群啸，表现北方冬日的凛冽冷寂，也透射出英雄主义

闽南净土
2010年 纸本
230cm × 308cm

草原雄风 2019年 纸本 190cm × 125cm

的悲壮情愫；2008 年创作的《冻雨》，通过霜竹下蜷缩取暖的猴子一家，含蓄诗意地展现不多见的南国凉意。以动植物的形象展现自然天象与气候环境，描绘人类与动物共同的家园，可以说呈现了其花鸟画创作的开阔视野与独特关怀。

其四，通过对于南国植被的局部聚焦，灌注寄存蕴含丰富的象征寓意。如 1999 年的《岁月》表现繁密坚厚的竹根，那宛如考古地层结构般深厚的根块，正是青翠竹茎耐得住风霜、经得住沧桑的有力根基，使观者不由得联想到厚重深沉的中华民族的历史文化，是中国历经五千年长盛不衰的力量源泉；还有 1995 年的《鼎湖山中》、1999 年的《藤韵》和 2018 年的新作《卧龙松》，以藤蔓或松枝的繁茂苍劲，展现自然界旺盛长久的生命伟力，而这种视角的迫近聚焦，亦使观者真切感受到了在绵延不绝的自然造化之中，人的存在与自适。

由此观楚雄先生之画，得感真乃画如其人、人如其名，是为生灵翘楚，积健为雄。“生灵”乃世间万物生命的总称，一草一木、翎毛走兽，皆为生命的表征，佛教思想认为万物都是平等的、有佛性的生灵，故有“郁郁黄花无非般若，青青翠竹皆是法身”之句；而“翘楚”之本义，原为高出杂树丛的荆树，以喻人中杰出之英。此二字单解亦有深意，“翘”乃特出之义，意为举起、抬起、向上、仰起；“楚”乃荆木、落叶灌木之义。这使我不由得想到楚雄先生的代表作品之一、藏于人民大会堂金色大厅的《长青》。此作以仰观视角表现巍然屹立的青松，以松之高大威猛，象征改革开放以来中国综合国力的强盛。

楚雄先生正是以花卉鸟兽题材借物表意，延展了古代文人画之含蓄寓兴手法，同时赋予其清新灵动的现代情韵。对此，林墉先生曾以“平常心”三字赞方楚雄先生之画。我想，此“平常心”亦包含面对世界万物时，那种平等的、内省的、兼容并蓄的观照。面对那些动物、植物，不是对象化的“观看”，而是内化的、换位想象的、返身观照式的浸润相化。

面对生灵万物，俯仰而观皆自得。以水墨丹青绘花卉翎毛畜兽，使楚雄先生的艺术世界如此丰盈而润泽，唯愿其艺术生命之树枝繁叶茂，长盛长青！

丁酉盛夏于北京

（作者系中央美术学院中国画学研究部主任、国家主题性美术创作研究中心副主任）

净土梵呗 2015 年 纸本 128cm × 248cm

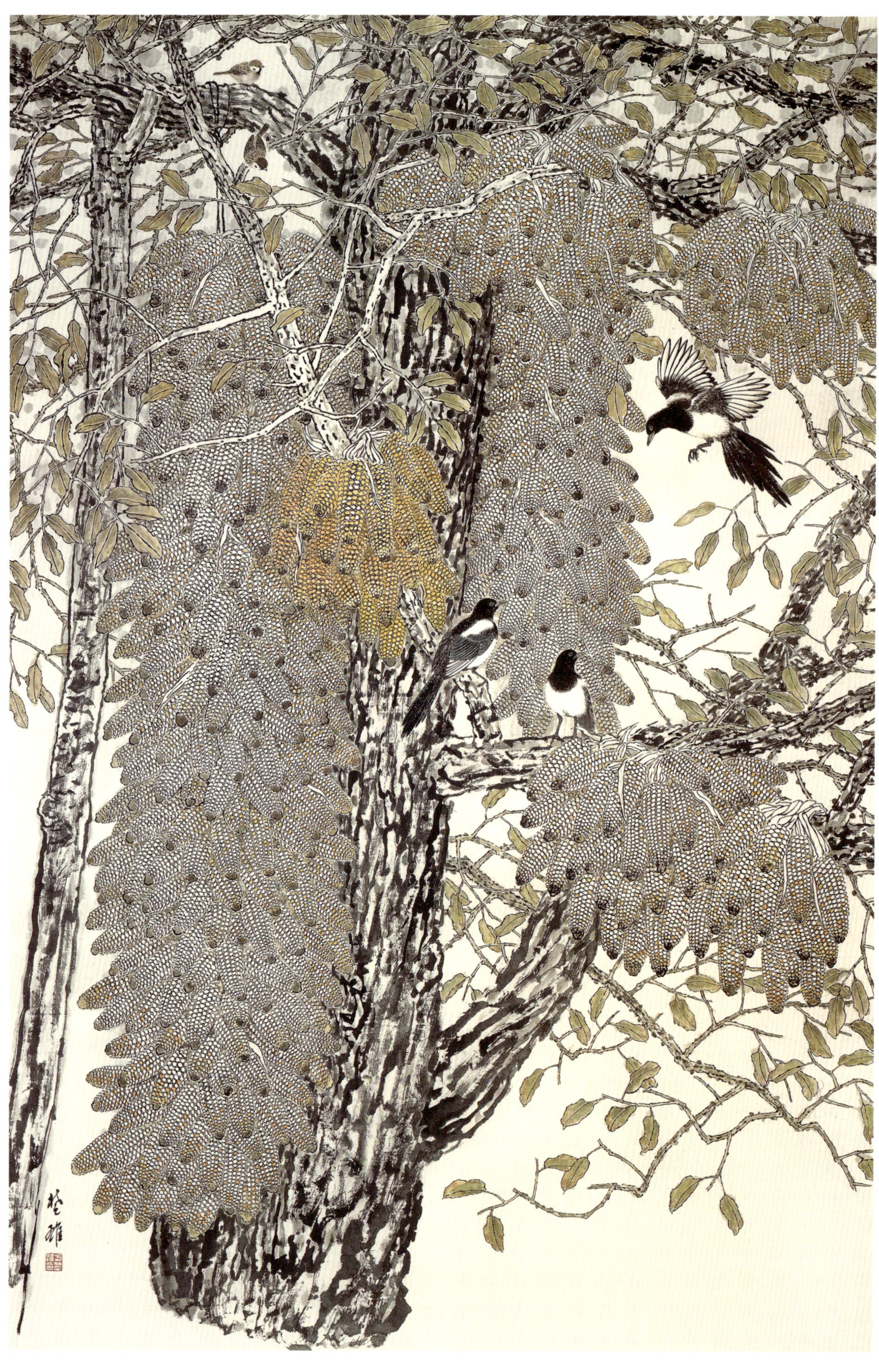

喜报丰年 2009年 纸本 215cm×145cm
（入选第十一届全国美展）

人民美术家·方楚雄卷

艺术之路 »

我的艺术之路

文／方楚雄

一、少年艺术启蒙时期

1950 年 10 月，我出生在潮汕平原一个普通人家。兄弟姐妹 7 人，我排行第五，上有 3 哥 1 姐，下有 1 弟 1 妹。家里人口众多，父母忙于生计，生活过得比较紧张。

但是，我很小的时候就喜欢上了画画，总是拿家里烧火的木炭或偶得的粉笔在地上描来画去，画一些小鸡小鸭之类的小动物。家人、亲友和路过的行人见到我在地上画画，往往驻足观看并大加赞赏。大家无意间的表扬和鼓励，大大地激发了我的画画热情。我每天练习不辍，绘画兴趣与日俱增。父亲也开始意识到要在绘画方面培养我。我除了信手涂鸦，还喜欢到隔壁的新华书店翻看画册、连环画、少先队员杂志等。有一次，我发现来了一本新书《齐白石老公公的画》。哇！太好了，我着了迷般地看了又看，爱不释手，仿佛这书一放下就会不见了。我跑回家告诉父亲希望能买这本画册，可是，等到父亲忙完手里的活带我到书店去，书已经被人买走了。无法形容当时沮丧的心情，我难受了好长时间。后来，父亲的朋友知道了，终于给我找到了这本《齐白石老公公的画》，我如获至宝，如食甘饴，便尝试临摹齐白石老公公的画，也开始改用毛笔在毛边纸上作画。

5 岁那年，由我大哥的同学引荐，我有幸拜在岭东名家王兰若老师门下，从此走上了一条艺术的道路。王兰若先生 20 世纪 30 年代毕业于上海美专，接受海上画派的艺术观念和艺术传统。王老师对花鸟、山水、人物、虫鱼无所不精，具有很深

1959 年，方楚雄（左一）在出席广东省第一次少先队员代表大会期间在广东省科学馆作画

1966 年，王兰若老师（前排左三）与众弟子在汕头宕石合影。前排右一为方楚雄

2004 年，方楚雄与父亲在王兰若老师家

的传统功力。王老师平易近人，在他的精心教导下，我进步很快。7 岁时我便在儿童杂志《红领巾》上发表处女作《小鸭戏水》，深受少年儿童的欢迎。随后《少先队员》《广东教育》等杂志也相继刊登我的作品，还有作品被选送到多国参加儿童展览。未到加入少先队员年龄，我便提前戴上红领巾，跟随学校辅导员到省城广州出席广东省第一次少先队员代表大会。无疑，当时王老师对我的教导是卓有成效的，影响也是深远的。王老师有着典型海上画派具备的所有艺术特点，他的绘画题材广泛，风格清新俊逸，并注重诗文书画的修养。王老师很善于教学，他常常在我的画上题字，指出画面的优缺点并分享他对艺术的观点。可以说，王老师对我后来的艺术之路的发展影响颇深，他造就了我画路题材广泛的特点。

20 世纪 50 年代末期，王老师出于一些原因被迫离开汕头市，我一时间便失去了老师的指导。由于彼时我在当地已经小有名气，汕头文化局领导跟我说，汕头市还有 13 位国画家，我可以选一位继续学画。于是，我选择了刘昌潮老师。刘昌潮老师也是岭东国画名家，擅长花卉、山水，尤其兰竹和墨荷最为精妙。刘老师言语不多，但他画画用笔用墨雄劲苍润、淋漓痛快，让我受益匪浅。刘昌潮老师也是 20 世纪 30 年代毕业于

耘春 1972 年 纸本 68cm×185cm

牧鸭 1972 年 纸本 136cm×68cm
（入选“加拿大国际博览会·中国馆”展览，并发表于《人民画报》封底）

上海美专，接受海派艺术观念，既继承了海派的长处，又有个人的风格。两位恩师间接地让我从一开始就接受了海派的艺术教育。

二、青年求学时期

1970 年，我高中毕业。当年的高中毕业生或上山下乡或到厂矿工作。我被分配到工厂当工人，每天操作着大型机械。虽然繁重的体力劳动常常使自己精疲力尽，但我从来没有放下画笔。除了上班就是画画，画画已经成为我生活的一部分。

在这个阶段我开始尝试新花鸟画创作，一改传统折枝花鸟画的画法。尝试在花鸟画中加入人物劳动的场景。20 世纪 70 年代初，随着文艺复苏，中央首次组织出国展览。经过盲选（即参选作品不署作者名字）我创作的《牧鸭》有幸被选上，送加拿大国际博览会展出，并发表在《人民画报》封底上，被誉为第一幅新花鸟画。此后，我开始得到广东省美术界的重视，被借调到广州参加广东省美术创作。在广州集中创作期间，我结识了林丰俗、林墉、冉茂芹、陈永锵、陈振国等画家。其中，林丰俗对我影响最大。林丰俗待人谦逊厚道，他独特的艺术见解深深影响着我。这一时期，我尝试创作了一批花鸟与人物相结合的花鸟画。如《公社鹅群》《南下第一春》《石山种柑》《满船莲子满船歌》等，有些作品还被印成单幅年画发行。

1975 年，我有幸进入广东人民艺术学院（现为广州美术学院）。从原先的师徒传授模式进入学院式的系统训练，素描、色彩、人物、写生、创作等课程全方位地弥补了我的薄弱环节。黎雄才、杨之光、何磊、陈金章这些艺术大家亲自授课，我无比珍惜这如获至宝的学习机会，每天起早贪黑如饥似渴地吸收着各种艺术养分。老师们诲人不倦的教导，以及岭南画派重视生活、重视写生、兼容创新的精神，深深影响着我的艺术走向。

毕业后，我留校任教，作为年轻教师与当时在校读研的陈永锵一道北上访学。我们在北京、天津广拜名师，先后请教了李可染、李苦禅、许麟庐、王雪涛、崔子范、孙其峰等前辈艺术家。亲身感受南北画家的追求和审美的异同，汲取来自北方的苍莽雄强之气。北方画家的艺术观念和艺术主张对我拓展日后的艺术道路，起到了弥足珍贵的助力作用。特别是在天津美院跟随孙其峰老师学习期间，我的艺术视野更加开阔了。孙其峰老师是杰出的书画家、美术教育家，他平易近人，学识渊博，在教学上，他善于思考总结，善于运用辩证

石山柑子红 1974 年 纸本 96cm × 82cm

南下第一春 1975 年 纸本 94cm × 66cm

公社鹅群 1974 年 纸本 70cm × 110cm

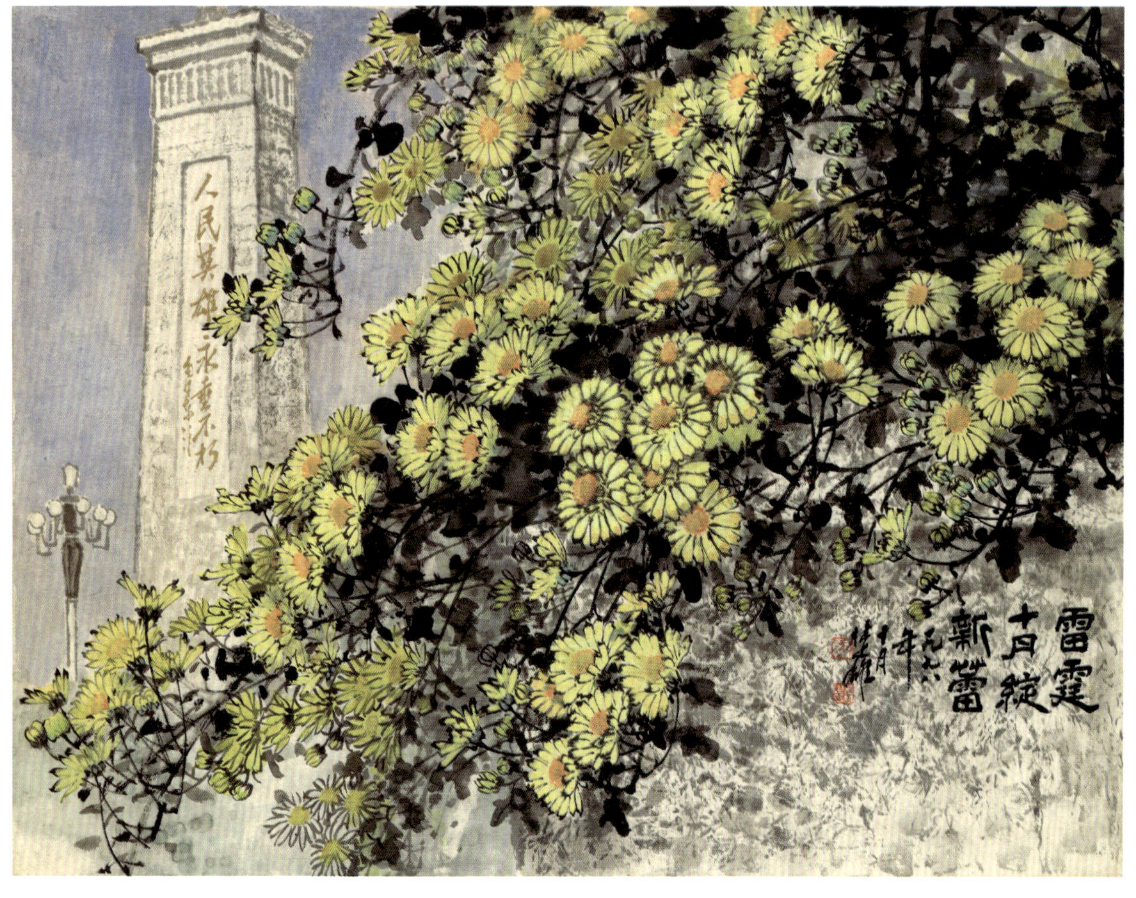

雷霆十月绽新蕾 1998 年 纸本 62cm × 82cm

法，这对我后来的美术教学有很大的帮助。

离开京津，我们一路西行到西安、敦煌莫高窟，又到龙门石窟、永乐宫等。面对华夏民族上千年的灿烂文化艺术瑰宝，我们深受感动和震撼。感慨我国壁画艺术的源远流长、博大精深和绚丽多彩，在历代艺术宝库面前我们流连忘返，并怀着崇敬和虔诚的敬畏之心现场临摹。当时的敦煌莫高窟允许人们到各个洞窑去参观，还可以带笔墨颜色进去临摹。我们在莫高窟二十多天，每天一早就带着画具和几个馒头进洞，一直画到太阳西下，洞窑里昏暗无光，没法临摹才依依不舍离开。敦煌艺术让我汲取了无尽的养分，对我后来的艺术影响深远。这次敦煌之行，我总共临摹了几十张国画和速写，为我在日后的艺术创作上更大胆地用色，更注重形式感和装饰性，追求质扑和厚重埋下伏笔。

1975年，方楚雄在广东人民艺术学院（现广州美术学院）读书时的全班同学合照

1978年，方楚雄在广东人民艺术学院（现广州美术学院）

1986年，方楚雄与学生等待坐船赴海南岛写生

三、花鸟画创作转型期

如果说，在我的艺术人生中，画出被誉为新花鸟画《牧鸭》，代表了我艺术创作的第一阶段。那么，经过多年的大学教育、北上访学、对历代艺术瑰宝的考察，至此，我的艺术人生增加了可喜的积累，之后便进入了我艺术创作的转型期。

大学毕业留校任花鸟画老师，我必定要把精力集中在花鸟画创作和教学上。我多次带学生深入山区、林场、森林写生，广东的鼎湖山、从化的梅林、海南的

采莲曲　1972 年　纸本　133cm × 69cm

霸王岭和五指山、西双版纳的热带雨林。那些古树苍藤，老干新芽，寄生野卉，山涧小溪，源源不断地给我提供了创作的灵感和源泉。这种席地铺纸对景创作性的写生方法，在 20 世纪 80 年代初期的花鸟画坛还是不多见的新尝试。这个阶段我的创作相较于之前的花鸟画已经有了崭新的面貌，摆脱了传统的折枝花卉的局限，关注和表现大自然的勃勃生机，密林老树以及树上爬满的野藤成了我描写的对象。这一时期，我创作出了比较有代表性的作品《藤韵》。

我不单关注山野林木之美，也留意村前舍后、瓜蔬鸡犬、柴火农具之情趣，使作品更充满乡村泥土的气息。1984 年我创作的《故乡水》入选第六届全国美展，并发表于《人民画报》。画面表现的是广州芳村花地湾的花农小院中的一口水井，井口的石板和井内的砖缝中长满了小草、苔藓，这一切构成了绝美的画面。在构图上，我大胆地把水井画在画面正中央，这本来是犯了“构图大忌”，但我在井边画了花卉、小鸡，化解了呆板感，从而，化大忌为创新，由于构图新颖，细节刻画生动真实，故乡深情跃然纸上，具有很强的视觉感染力。此作参加全国美展后，在全国各地报刊、杂志上发表了十余次。1989 年，我取材于西双版纳的巨龙竹的作品《晨曦》，也入选第七届全国美展，这幅画的表现手法同样有别于传统的墨竹画法。

海鲜系列　2016–2023 年　纸本　34cm × 46cm × 12

中国花鸟画自唐以后成为独立画科，在宋代达到高峰。唐宋的花鸟画是以忠实于客观物象、观察刻画皆精微深入为特色。元、明、清则强调主观感受，情怀抒发，不拘于形，重视笔墨趣味和个性张扬，使创作进入自由王国。但毋容置疑，它的表现力也是比较弱的。我尝试把自然写生场景引入画面，希望花鸟画能达到更富有时

荔熟时节 1974 年 纸本 142cm × 58cm

代感和表现力的层次。我认为写实、写意也好，具象、意象也罢，并没有高低优劣之分。“各有灵苗各自探”“横看成岭侧成峰”，只要能表现画家的真情实感和审美追求，有品格、高格调的画作总会被历史留住的。

1980 年，我首次出国是参加广东省与澳大利亚新南威尔士州结为友好省州的活动。出访澳大利亚期间，我在画展现场为观众作中国画示范，每天都吸引了不少观众，也结识了不少朋友。

1982 年至 1992 年间，我三次在新加坡举办个人展。1989 年应邀回家乡普宁县及汕头市举办个人画展。1991 年在上海美术馆、南京江苏省美术馆举办个人画展。1991 年上海人民美术出版社为我出版大型画册《方楚雄画集》。

1996 年秋天，应德国法兰克福市政府的邀请，由广东省美术家协会组成的“广东美术家代表团”赴欧州访问，由我出任团长。18 人组成的代表团，用一个月时间，访问 9 个国家，这次欧洲之旅，参观了许多博物馆、美术馆，看到大量的西方经典名作，加深了我对西方艺术的了解和认识。

2010 年 10 月，正值我 60 岁，在广州美术学院美术馆举办了“可惜无声——方楚雄的艺术世界”画展，画

2010 年，在“可惜无声——方楚雄的艺术世界”画展上同嘉宾合影

展主要展览了我 30 年来的创作及教学成果，二楼还展出了我众多学生的作品。全方位地回顾和展示了我的艺术历程和教学成果。同时还邀请了全国各大美术院校的花鸟画教师和来自全国的美术理论家，召开了学术研讨会。画展当天还举行了由我编著的、高等教育出版社出版的《中国花鸟画教学》一书的首发式。画展开幕式上，我向母校捐赠了历年的代表作精品 36 件。

2015 年，我作为文化使者参加“世界情 · 中国梦 · 中澳文化大使——方楚雄澳州行”活动，在澳大利亚悉尼大学和墨尔本大学讲学。2017 年，我又应邀参加“一带一路：世界情 · 中国梦”埃及巡讲，并到埃及三所艺术学院讲学。这两次讲学也让世界更加了解了中国画艺术。

四、动物画创作拓展期

作为一个以艺术创作为终身事业的画家，不可能躺在已有风格面貌上不思进取，只有不断开拓出新的高度，才能行稳致远。

我在多年的教学中，深入山区、林场写生，发现花鸟画中，动物最能与人沟通，而且有着更大的创作空间。于是，我开始将笔墨集中在老百姓喜闻乐见的动物身上。到 20 世纪 90 年代，小到身边耳熟能详的家禽，大至山禽猛兽，我几乎画遍了所有

猫猫系列 2017-2022 年 纸本 93cm × 80cm

能画的动物，创作出《秋忙时节》《山中虎》《山村农家》等一批动物题材作品，使花鸟画展现出不同以往的气息，而且更具生命活力。

我曾在家中养了猫、狗、兔、松鼠等动物，借此了解动物的脾性和动态特征。到动物园去观察虎、豹、狮子等大型动物，在电视栏目《动物世界》中借助影像媒

太行山羊
2014年　纸本
180cm × 97cm

浣熊 2022年 纸本 70cm×46cm

体了解更多的野生动物。

我画的动物，希望传达给观众的是万物和谐、天地共生的景象。我的笔下没有猛兽凶悍骇人的神情，我在画面上表现出来的是其温和平实的一面，画猛虎、雄狮也喜欢取静态，在温和中透出不怒自威的内在雄健、霸气和威猛的审美追求，所谓画如其人是也。技法上会根据画面的需要，工笔、写意、兼工带写不拘一格。比如画老虎，其身上的斑纹不是工细的丝毛，而是趁湿的时候用焦墨作画，让它有渗化的效果。写意画破墨的效果是工笔很难达到的。我画不同的动物，追求不同的质感，便用不同的技法来表达。随着题材的拓展，我的技法也在不断地探索和变化。

艺无止境，随着年龄和阅历的不断增长，我更迫切地寻求在动物画上突破自我。近年来随着教学任务的减轻，身体状况还不错，我有了更多时间和机会可以走南闯北，从国内到国外，从热带雨林到大漠胡杨，到更广阔的自然环境中去作画，创作出更多大场面的作品。

2018 年，我去了东非，到马赛马拉大草原写生，感受动物大迁徙的壮美场面。现代人的审美和视野以及对大自然的认识与古人是不同的。现在可以利用长焦镜头甚至航拍，视野更

2017 年，方楚雄夫妇在埃及卢克索神庙写生

2017 年 8 月，方楚雄在肯尼亚马赛马拉

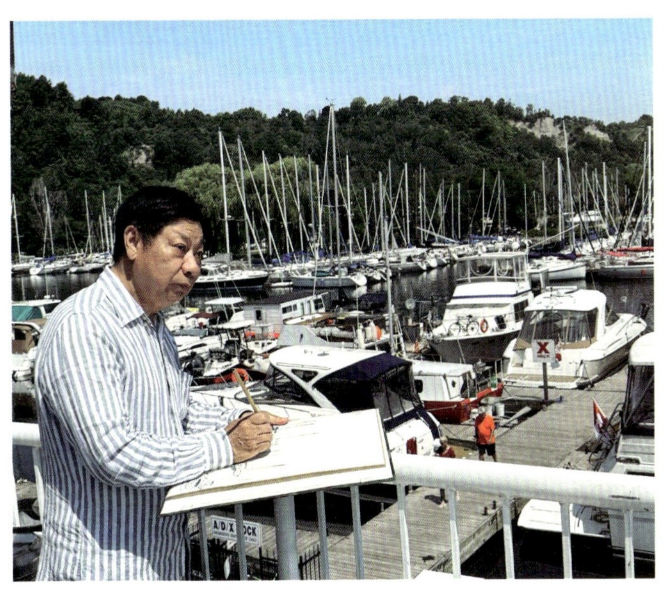

2023 年，方楚雄在多伦多写生

开阔。如何画出既有传统又有别于前人，更能展现生态和谐的画面呢？听说东非马赛马拉大草原动物大迁徙的场景很震撼，我决心去体验一下。说走就走！当我们站在一望无际的大草原上看到成千上万的角马潮水般地大迁徙，悠闲的大象家族在自由地漫步，三五成群的长颈鹿像吊车般高高在上地啃着合欢树叶，甚至鬣狗和鸵鸟都可以同场共舞，多种动物各有领地并和谐共生的场面，我的心情豁然开朗，万物融为一体，和谐共生。只有身临其境才有创作的灵感，不然你是想象不到能画这种题材的，前人没有画过，传统中国画里面也从来没有见过。

在东非大草原的真切感受，加上收集回来的大量素材，仿佛要冲到画面上，但是，要把这么多动物自然地画在一个画面中，既要互相呼应又要很自然，它们的对比、前后关系是很难处理的，如此大型的动物迁徙场景，无论是构图还是造型都有难度。要创新就要接受挑战，经过反复的尝试，我创作出《天地生灵》《万物自在》一系列大型场景的画面，前所未有地拓展了花鸟画的题材和意境。

要画好动物画，笔墨的掌控能力是必不可少的，但不是唯一要素。只求形似无异于画标本和陷入媚俗，过于强调文人画笔墨的运用，则容易忽视动物神态的深度表达。我把我自己对人生的态度、生命的感悟和精神的向往，通过动物的神韵和灵性与我追求的审美结合起来，注入画面的动物形象之中，使我画的动物具有温和亲善的秉性。我画的动物给人的感觉是亲切和舒服的。画家的审美意象和物象的成功融合，能达到“寄情于物”的效果，是画好动物画的高级阶段。

2021 年 9 月，我在中国美术馆举办了名为“天地生灵”的大型个人画展，这次展览，是我近 40 年来规模最大的画展，也是我从艺 60 多年最重要的一个画展。它体现了我的艺术追求和成果。画展分“天地壮阔”和“生灵温情”两大板块。“天地壮阔”这个板块的作品主要是把花鸟、动物放在宏大场景，如茂密的热带雨林，或辽阔的草原，各种动植物和谐共生的自然世界。天地壮阔既是指自然的壮美也是指精神的高远阔大。“生灵温情”这个板块主要是关爱自然生命，母爱是永恒的主题，我的动物画喜欢表现母子间的温情、乡村怀旧之情，表现生活的诗意。

从 20 世纪 70 年代，突破传统文人画的小情趣，创作出贴近生活的新花鸟画，到 20 世纪八九十年代，深入广东、海南、西双版纳各地的深山密林写生，运用多种手法，开创花鸟画新的表现形式。再到近 10 多年来，我在动物画创作上更注重追求众生平等、万物相融的大场景，表现大和谐、大圆融的壮阔场面，拓展花鸟画宏大叙事的画面。这是一个不断思考、努力探索，并不断创新的过程。

2021 年，“天地生灵——方楚雄的艺术世界”在中国美术馆开幕

我学画画 60 多年，教学 40 多年。诚诚恳恳做人，认认真真画画。在学习、创作和教学中，我不断地探索、实践和提高。我深深感受到中华文化的博大精深，对传统艺术充满着热爱与自信。继承传统，面对现实，是当代画家所面对的课题。不断创作出既有民族文化底蕴，又有时代精神和个人风格的作品，表现天地生灵，敬畏自然，赞美生命，是我一生不懈的努力方向和追求。画画是我一生之挚爱，它已经成为我的生活方式。在学习和创作的过程中，我深深地感受着其中的艰辛和快乐。

世间风物笔中来，丹青相伴不知年。我将继续探索，不断突破自我，用现实主义精神歌颂生命、守护生态，扎根生活，服务人民，为大家呈现一个更加欣欣向荣的花鸟画新境界。

2023 年 8 月于广州

天地生灵 2019 年 纸本 247cm × 496cm

欢乐的黑雁
2023 年　纸本
138cm × 69cm

行旅问道

文／方楚雄

作为一个花鸟画家，我的专业方向自然就是花鸟画。山水画非我主业，出于专业的原因即便是在大山大水面前也会尽力去寻找花鸟画题材。但是，面对大好河山不动笔寄怀却心有不甘。所以，每次外出采风有可以入画的美景，我是不会放过的。故多年下来也积累了不少山水写生作品。回想我学画之初的少年时期以及在大学期间，确实画了不少山水画，在山水画上下过不少苦功，花了很多的时间和精力。至今，我真切地体会到具备山水画的基础，对花鸟画创作大有裨益、影响深远。

20世纪60年代，我读过贺天健先生的《学画山水过程自述》和钱松岩先生的《砚边点滴》，这两本书对我影响颇深。当时在王兰若老师的教导下，我临摹了许多古代山水名画，有宋代王诜的《渔村小雪图卷》、李唐的《万壑松风图》，元代黄公望的《富春山居图》，还有清代“四王”、石涛、梅清等人的作品。而我最喜欢黄宾虹山水画的苍浑朴厚、淋漓丰富，黄宾虹的山水画我临摹得最多。

20世纪70年代，我到广州美术学院读书，有幸得到黎雄才和陈金章二位老师的教导，在山水画的笔墨及写生上有了更大的收获。黎雄才先生是我早已景仰的岭南画派大师，他50年代创作的《森林》《护林》，70年代创作的《长征第一峰》早已家喻户晓。黎雄才老师才华横溢，他的笔墨和造型能力非常了得，令我佩服不已。他上课生动风趣，在他的指导下，我临摹了他的《树石画谱》。而陈金章老师的山水画扎实严谨、深入精微。有一次，他带我们到罗浮山写生，一开始同学们好高骛远，

丹霞锦江 2021 年 纸本 69cm × 46cm

北京戒台寺 2021 年 纸本 45cm × 33cm

画大场景。陈老师却要求我们要沉得住气，先画好一棵树，一丝不苟，把树画充实、画具体、画丰富，这使我认识到要走得更远，就一定要把基础打扎实。

美术学院毕业后，留校任教，我从事花鸟画教学便主攻花鸟，在山水画上有所放松。但是，每逢下乡或采风，山川之气势、林木之苍莽，常常令我激动不已。在大自然面前，人类显得单薄、渺小。当我们置身于大自然之中，领略到大自然的气息，心灵得到净化的同时胸襟也变得更加开阔。三峡之雄奇、华山之险峻、黄山云海之奇幻、西藏冰川之恢宏苍凉、海南岛雨林葱郁和野性……造化的鬼斧神工，常常令我情不自禁地画起山水写生，尽管手很生涩很笨拙，尽管画不出大自然之万一，但我还是乐在其中。面对大自然，写生就是很好的美的追求和享受。虽然达不到宗炳“卧游”“畅神”的境界，但在与大自然面对面的交流中已足矣。

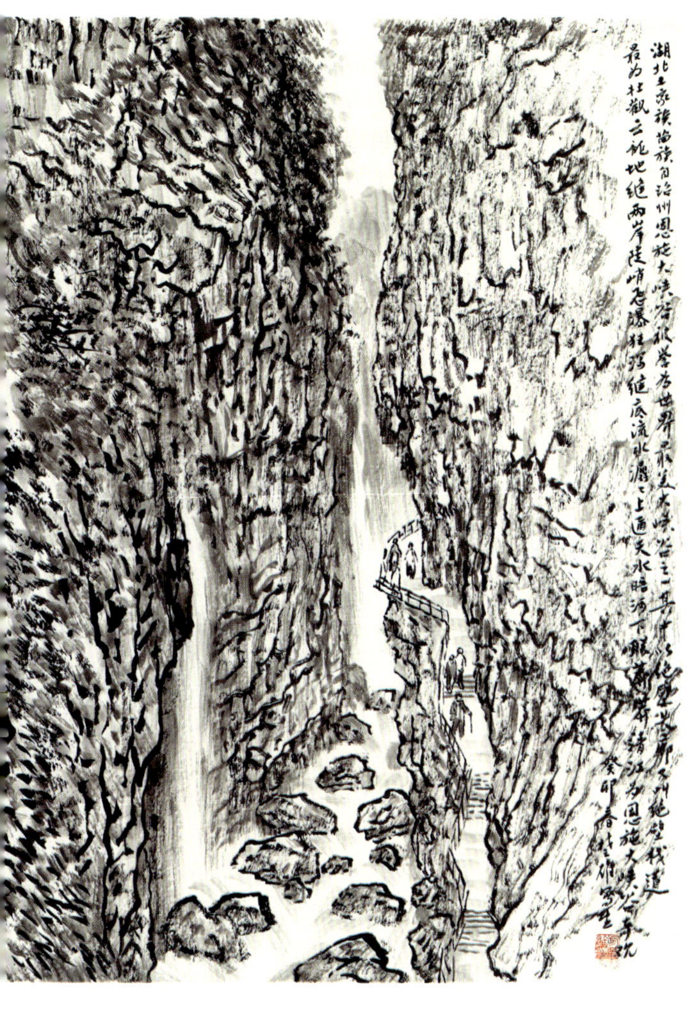

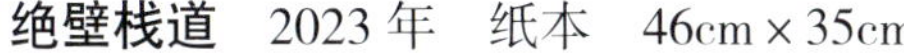

绝壁栈道　2023年　纸本　46cm × 35cm

三台县云台观　2020年　纸本　45cm × 34cm

古人对于天地自然的神秘是充满敬畏之情的，追求的是与天地自然的和谐关系，所谓天人合一。随着人类科技的进步，大自然被工业文明所侵蚀，不断的改造和建设，结果人类得到的是生活在钢筋水泥的牢笼和玻璃幕墙的辐射以及充满灰霾的空气之中。而山水、花鸟画是现代人精神的润滑剂，它应该更多地表现大自然那些未被破坏、修饰、污染的原生态的境界，使人的精神得到休息、心灵得到慰藉。

几十年来，我到过祖国的名山大川，泰山、黄山、三清山、庐山、九华山、张家界、恩施大峡谷，还有广东的鼎湖山、丹霞山等，其不同的山川地貌，雄奇壮丽，使我感动。二次上黄山、三清山，都不巧遇雨和大雾，但我还是情不自禁冒雨写生雾中峰峦和缆车。云雾在眼前飘过，山峰时隐时现，如梦如幻，虽匆忙写来，却意境空灵清新。

尼亚加拉大瀑布
2023年　纸本
34cm × 44cm

雨后哈德逊河
2023年　纸本
33cm × 45cm

北美、东欧、东南亚、中东也留下我写生的足迹，异域风景有别于祖国山河。阿尔卑斯山峰冰雪皑皑，雪线以下却绿草如茵。约旦南部沙漠中的神秘古城佩特拉，神秘的尼罗河古埃及神庙、金字塔，这些人文历史厚重的古迹，令人震撼。异国风情有别于中国传统的小桥流水人家，作画时要有新的审美眼光和表现手法。

近期我到北美写生，湛蓝的湖水、蔚蓝的天空、成片的翠绿草坪，促使我更大胆地用色，使画面更有现代感，和以往惯用的传统手法有很大的区别。

对着真山真水，要有真情实感，感情要真，感受要充实。山水画强调“意境”。“意”是指画家的情感，要情真、意新、意深；“境”是指自然景物，景要真、要切，所谓“情景交融”。

远望西点军校　2023 年　纸本　34cm × 44cm

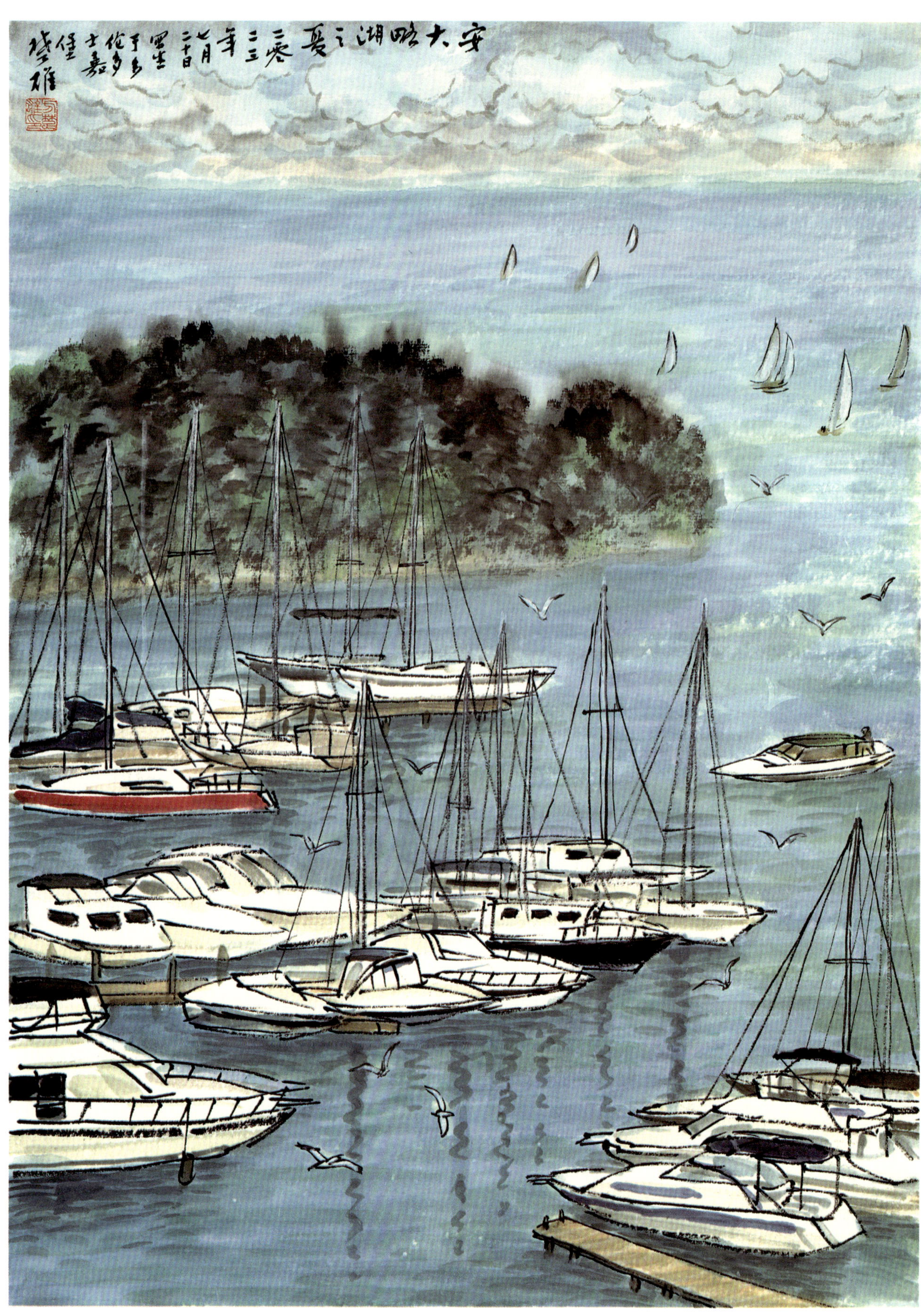

安大略湖之夏　2023年　纸本　45cm × 33cm

长江三峡写生（一） 2020年 纸本 34cm×46cm

九华山写生（一） 2023年 纸本 34cm×46cm

长江三峡写生（二） 2020年 纸本 34cm×46cm

九华山写生（二） 2023年 纸本 34cm×46cm

世界之大，面对不同的风景地貌、人文风情，要表现出不同的艺术形式和效果，艺术才会有生命力。

近年来，我越来越多地画山水画，一有机会外出，山川美景也是我画笔下的描绘对象之一，山水和花鸟是互相促进和互补的关系，两者并不矛盾，这就是我和山水画结下的不解之缘！

读万卷书、行万里路，与大自然密切接触，吸取天地山川之灵气，结合内心浩然之气去孕育胸中之丘壑。打破固有的程式化手法，画出意境幽深、气韵生动的山水画新境界，是我不断走出去的精神动力。

2023年8月20日

巴厘島海神庙建於十六世纪是巴厘島最重要的海边庙宇它坐落在海边一块巨礁石上涨潮时便与陆地隔绝寺庙曾住过一个众望所归大司
祭而成为印度教信徒必定朝圣的地点 二零一九年四月二十三日 楚雄

巴厘岛海神庙 2019年 纸本 68cm×45cm

仙堤朱潭
2023年　纸本
34cm × 45cm

巴德岗皇宫广场
2009年　纸本
38cm × 45cm

绿水青山
2023 年　纸本
135cm × 69cm

传神写照

文／方楚雄

20世纪70年代，我在广州美院接受学院派的正规教育，进行全方位的美术学习，特别在素描、色彩、写生、连环画创作等方面得到很大的提高。我在读大学期间及毕业后，创作过几本连环画，有些是多人合作的，还创作了多幅年画，并出版成单幅年画发行。连环画可以很好地锻炼人物造型，人物之间的关系及故事情节的表达，特别对构图能力的锻炼是非常有益的。

大学期间，素描、速写是基础课，还有长期开设的石膏和人物素描课程。现在有些观点认为中国画不用学习素描，特别是素描的明暗关系反而会影响中国画的发展。我却持不同意见，关键是学了如何用，素描不单可以锻炼造型的准确性，还可以培养观察能力和画面的整体处理能力。

20世纪70年代，我尝试花鸟画和人物结合的国画创作，创作出《牧鸭》《公社鹅群》《南下第一春》等，尝试在花鸟画中表现出人物的活动，即有新气息的花鸟画。

杨之光老师是对我人物画影响最大的老师，杨老师的教学和他的为人与创作一样，非常认真、严谨。他的造型能力超强，他的水墨人物写生，以线造型，以面塑结构，既准又狠，干脆利落。他的人物水墨画运用的不是素描加淡彩的技法，他大胆准确地在人物的脸上用笔用墨。他随时指出我们画面存在的问题，告诫我们用笔要准要狠，不要怕画错，错也要错得干脆。杨之光老师为我们上课堂人物写生课，也带我

肯尼亚姑娘 2018 年 纸本 30cm × 34cm

侯赛因船长 2017 年 纸本 33.5cm × 26.5cm

们下乡写生。在杨老师的教导下，我练出一手水墨人物写生的技巧，时常得到老师的表扬。当我毕业时，杨老师还有意留我教人物课。毕业创作，杨老师希望我创作的题材以“华国锋视察中山农科所”为题。

毕业后我又到了敦煌、永乐宫考察，临摹了大量的壁画。中国传统壁画丰富多彩，色彩绚丽，我在传统壁画中吸取了丰富的营养。

毕业后我把主要精力投入花鸟画教学和创作。人物画自然就画得少了，但是每次外出，见到好的形象，我就会毫不犹豫地画起来。2006 年，我随中国美术家代表团访问印度。印度人的形象和服装非常好入画。有一天我们在皇宫前见到一位印度少女，一手托着下巴，侧着身子，悠闲地坐着。肤色黑得发亮，端庄、典雅、冷艳，活脱脱的一位人物写生的超级模特。我们近距离拍照、画速写，她却泰然自若保持微笑。还有庙前的长髯长老，年轻的母亲抱着孩子等场景。所以那次印度之行，我画了 10 多幅人物画。

埃及古神庙的守护者，那饱受风霜的脸庞也是极好入画的。有一次在埃及红海，大家都出海潜水，我独自留在沙滩上，没有什么可以入画，船长侯赛因陪我在沙滩上，我看见他黑里透红的皮肤，一脸胡须、一副墨镜，甚是威武。

土耳其老头与女郎 2018年 纸本 92cm×68cm

苗族姑娘 1978 年 纸本 68cm × 34cm

南海风 1978 年 纸本 68cm × 34cm

我用手语比画着要画他，他欣然同意。我们二人坐在沙滩上面对蓝天烈日，背对着红海，画了不到半小时，他把衣服一脱，露出他的大金链和满胸的体毛，我立刻用干笔焦墨在胸前擦上几笔，这张写生形神兼备，过后我真不知道当时是怎么画出来的。

2018 年，我到东非肯尼亚马赛马拉大草原看动物大迁徙，见到一些原住民还是保留着传统的原始生活方式，拒绝现代科技文明。住的非常狭小的房子，屋里不见阳光，没有任何家具，一家不管多少人都睡在地上。我在酒店见到一个服务员，非常有特点，肤色黑得发紫，高高的额头扎着数不清的辫子，我请她坐下来让我们

老船工　1978 年　纸本　68cm × 34cm

韶关梅田矿区青年矿工　1978 年　纸本　68cm × 34cm

写生，她同意了。我们一行四人一起画她，她始终保持淡淡的笑容，眼睛洁白清澈而透着善良。

人类不同的民族有不同的肤色、形象，不同的服装、不同的职业、不同的表情、受不同的教育，产生不同的气质和特征，所以画好人物是非常不容易的。

画人物画首先是造型问题，造型要准确，自然生动，还要有笔有墨，笔墨精妙，既要状物传神，又要抒情达意；既要画出对象的气质又要有画家个人的风格，最后达到神采生动，形神兼备则更难矣。

庙前长老 2016 年 纸本 68cm×34cm

皇宫前的印度少女 2006 年 纸本 138cm×70cm

印度三姐妹 2016年 纸本 68cm×34cm

母子与骆驼 2016年 纸本 138cm×68cm

姐弟俩 2009 年 纸本 69cm × 46cm

帝王谷守陵人 2017 年 纸本 69cm × 46cm

蒙族青年 2015 年 纸本 62cm × 40cm

飞翔者 2017 年 纸本 70cm × 46cm

众家品评 »

众家品评（摘录）

孙其峰：

方楚雄是一位非常有作为的中年画家。他在岭南画派的发源地——广州，能够另辟蹊径，自立门户，是难能可贵的。他是大家所公认的个人面貌鲜明，而且有较高艺术水平的画家，同时也是在推陈出新上有突出贡献的画家。

现在，在同行中有些人，不顾一切地提倡个人面貌和推陈出新，置艺术质量、水平于不顾，这是非常错误的。他们把国画艺术简单化了，片面地认为只要是“新”的和具有个人面貌就是好的。这是违背事物本身规律的。历史一再证明：凡是低俗的艺术品，不管是新是旧，或有无个人面貌，都要被淘汰掉。楚雄深明此理。所以，他的每一幅画都精益求精，没有忘却艺术质量。

楚雄是广东人，是当之无愧的“岭南画派”接班人。从他现有的成就看，他虽是岭南画派，但能自出手眼，别具一格。不像有的人，躺在名师的牌子上“吃现成饭”，成了老师的“克隆机”。我认为“不同于古”“有异于今”（出新与个性）对一个有作为的画家来说，具有头等重要的意义。楚雄用自己的智慧和勤奋充分体现了这一点。我赞赏楚雄的治学有方，不仅能集众长，而且能发自运，终于形成有别于古人又不同于今人的个人风格。

在继承传统这个问题上，楚雄走的路也很正确。他能从各方面吸取古人的精华而不为所囿，能够融会贯通，化人为我，古为今用。他给学习传统的人们提供了一

1992年，胡一川院长出席方楚雄画展

1992年，吴南生先生出席方楚雄画展

2004年，方楚雄与父亲在王兰若老师家中

2016年，方楚雄在孙其峰老师天津家中

个样板。

楚雄的画造型严谨、生动。明眼人一看就知道这是得益于素描、速写的。在这一问题上，他为我们树立了一个吸收外来绘画营养的好榜样。

常有人问我关于楚雄技法的“工”“写”“粗”“细”等问题。我因人老，思想旧，未能给人解惑，或是解释了，但人们还是不够满意。最近我又细细阅读方楚雄的画作。初步得出这样一个结论：楚雄的画既不是纯工笔，也不是纯小写意，更不是大写意。他的画，在表现方法上是很自由的。有“工”，有“写”，有“粗”，有“细”，在运用中各得其当，浑然一体，没有强硬拼凑的毛病。他运用传统古法又不困于古法，不囿于旧论，信手拈来生动自然，可谓善学传统者矣。

我赞赏楚雄能在众人都崇尚变形（或不要造型）的风气下，独行其是，在小写意花鸟画的领地中占有一席之地。最后，我期望方楚雄能在现有的艺术水平上一如既往地不断努力、探索，百尺竿头更上一层楼。

——孙其峰《化人为我，古为今用》（原载《物象天真·方楚雄小品集》，香港：中国文化艺术出版社，2009年6月）

李伟铭、萧莉：

这也许就是方楚雄卓越的艺术创造能力的印证：他爱小动物，也不排除描绘鹰鹫狮虎，包括檐前屋后的闲花野草；在藤蔓缠绵、古木参天的原始森林中，他同样能够找到丰满的感觉——那就是旺盛的生命活力和生物世界赖以延续不断的爱。因此，所谓“兼工带写”，只不过是我们描述方楚雄的绘画时能够权宜使用的苍白的语言外壳，在这一结构中，向往自然与人和谐的关系，才是真实的内在精神空间。在现代工业文明的过度发展已经严重危及我们赖以生存的立足点的时候，方楚雄的绘画世界差不多也将变成一个遥不可及或者更富于“预见性”的传说——无人叩问的乌托邦神话。这可能也正是方楚雄的艺术世界特别值得令人回味的理由之所在。

——李伟铭、萧莉《天地生灵——方楚雄的艺术世界》

陈履生：

就画而言，方楚雄的画应该属于工笔花鸟画的范畴。可是，它和人们所认识的传统的工笔花鸟画或当代流行的工笔花鸟画却有着很大的不同。如果说齐白石以简约为特色，那么，方楚雄则走了一条和齐白石完全相反的道路——画面普遍比较繁密。然而，

根深叶茂
2022 年　纸本
580cm × 880cm
（广州白云国际会议中心收藏）

马赛马拉动物天堂 2018 年 纸本 97cm × 179cm

与当下普遍的那种追求照相写实的工而腻的风格相比，方楚雄的工笔又呈现出了简约化的特点。在中国画语言的固有传统中有兼工带写一格，方楚雄的画显然又不是兼工带写一类。他的画比兼工带写的要工。他在工笔画法中的简约化处理，包括其中的渲染，以及禽鸟走兽的丝毛，给人一种新鲜的感受。尤其是在普遍的细腻风格形成当下潮流的现实中，方楚雄的工笔似乎成了另类。实际上，如果细细品味，方楚雄是巧妙地利用了语言类别中的差异性，该工则工，不该工则写，写则不放，又以写中求工而回归工的圈子内。不管怎样，他都在一个工的范围内给人以工的感觉。这正好像齐白石的工虫配上了写意的衬景，耐人寻味。在这样一个语言处理的关系中，方楚雄艺术的核心是把握了一个整体的原则，基于此，他能够画大画，能够营造一个艺术的现实世界。

——陈履生《可惜无声　声声入耳》

马鸿增：

方楚雄开拓花鸟画境界的探索还表现于对崭新题材的追求上。大自然造化神奇，生灵万千，各有其美，今天的花鸟画家怎能受制于古人的审美视角？即使伟大的青藤老人、八大山人、任伯年、吴昌硕的艺术，也不可能满足今人的审美需求。方楚雄决心“用自己的眼睛来看生活”，前面提到的《故乡水》就是一例。再如《林区所见》画了一种名叫“落地生根”的小花，与老树墩为伍，更强化了生命顽强的内涵。此外，碾磨与鸡雏的巧妙结合，古树与藤蔓掩映的奇观，簸箕、辣椒、泡菜罐的巧妙安排……无不具有新颖的意趣。

方楚雄四十多岁就已成为岭南中青年花鸟画家的中坚力量。他继承了岭南派雅俗共赏的审美追求，吸取了海派的笔墨表现方法，融入了齐白石等大家的艺术特色，加之自己扎根于生活土壤，触发灵感。他的形神兼备、意趣情韵俱为本色，用介于工笔和写意之间的“兼工带写”手法，闯出了一条花鸟画创新的艺术道路。

——马鸿增《内涵丰富的花鸟画——岭南方楚雄画展感言》

张晓凌：

方楚雄是在岭南画派大家黎雄才、杨之光等诸前辈的亲自点拨下成长起来的花鸟画家。他一向认为：“变形不一定高级，写实不一定低级。”他始终坚持写生，在

千年古柏 2021年 纸本 45cm×33cm

增城古榕 2022年 纸本 69cm×46cm

泌心
2023 年　纸本
138cm × 69cm

大地回春 2010 年 纸本 179cm×273cm

艺术上从不迎合时流，而更愿意在写实的路上另觅新径。凭借其开阔的学术视野和扎实的学院绘画功底，方楚雄率先开辟了岭南花鸟画的新面貌，形成了融中西技法于一体的“细密体”写实花鸟画风。细密体画风继承了宋代花鸟画笔致工细、“体制清淡”、长于描写自然环境中野逸情趣的特点，同时，大胆糅进西方古典绘画的写实技巧，增加了画面的光源感、体积感和空间感，改变了传统花鸟画的审美取向。在某种程度上，他的新画风可以看作是岭南画派的进一步延伸。

在题材上，方楚雄以岭南独有的风物、动植物为描绘对象，既有花卉蔬果，又有虎豹走兽，更有珍稀鸟禽及古藤红叶。为了探究动植物的形态习性，画家常常寄情山中，面对野草鸟雀“心传手记，得天性野逸之态”。20 世纪 90 年代以来，方

2021 年，方楚雄在广东美术馆“天地生灵——方楚雄的艺术世界”画展上与嘉宾合影

楚雄一改往日创作小型画幅的习惯，开始了巨幅花鸟画的创作，画面景物繁茂，境界深邃，似有晋唐壁画的豪迈气象。同时，在精微细密的勾染中，又恍惚可见画家对笔情墨趣的用心体悟；从繁复交错的藤蔓和疏叶之间，又能感受到音乐般的画面节奏和生机勃勃的春色。方楚雄开创的“新体花鸟”，以其细密性、写实性在中国画坛独树一帜，成为当代岭南画家中无可争议的代表性人物。

——张晓凌《深邃境界　隽雅气象——方楚雄“和众曲高”的花鸟画艺术》

林　墉：

方楚雄有幸得到过师徒式的传授与院校式的教育，两种教育方式的长处都被他发扬光大，因而造型能力、笔墨功夫都十分了得！

方楚雄曾入室岭东名家，更得岭南画派名师点化，两种画风的长处都被他吸收

家园
2008 年　纸本
248cm × 223cm

雨林聚珍 2013年 纸本 231cm × 146cm

2019 年 10 月，澳门回归贺礼陈列馆举办“天地生灵 · 方楚雄的艺术世界”开幕式

消化，因而灵秀精巧、峭拔纵横，清新明丽皆在其中！

方楚雄先前多作中小幅，其精其妙，有口皆碑；近期多作巨幅，其雄其健，有目共睹。能收能放、能大能小、能工能意是其所长！

方楚雄作画，能如他快者莫如他精，能如他精者莫如他博，能如他博者莫如他谦，能如他谦者莫如他灵，如是状态堪可酣战！

——林墉《精妙 · 雄健》

林　墉：

在方楚雄的绘画中，大量生活中的新花新卉都尽收篇幅，给以探索性的描绘，给人耳目一新的感觉。尽管艺术不能以新为唯一途径，但无论哪代艺术家，都绝不放弃身边的新事物，这种兴趣无疑开拓了欣赏的天地，更为艺术拓宽了领地。方楚雄在绘画中熟练地驾驭笔墨手段，自信地给予新对象以新描写，翰墨之间，胜任自如，几如妙算，一种精湛精致，令人感叹！空言神逸者，易坠泛泛；一味霸悍者，易坠涩涩。技巧性的难度其实是在度的控制，我以为，方楚雄绘画中这种适度的技巧宣泄是必要的、恰好的。

当今偌大一个画坛，能兼工带写的不多，以破笔湿墨写意者多，以工笔勾勒填

2010年，广州美术学院党委书记陈朝光向方楚雄赠送纪念品

色者多，以实墨实写者多，以草书写意者多，这多多中的不多，正是方楚雄之所擅，这很难得。在方楚雄绘画中凝聚着岭南画派的写生本领，岭东画派的雅俗共赏，海派的书趣，京派的稳重，兼收并蓄。正是这种兼容使得方楚雄的绘画有了更广的覆盖力，也因而获得更大范围的欣赏天地。方楚雄之所以致力且钟情于兼工带写的模式，看深些，其实是他舍不得喜爱他的画的一大群人，当这一大群人以信任与赞许的目光来观看方楚雄的绘画时，方楚雄便死心尽兴地投入这深情的旋涡中，发挥出惊人的创造力。我赞赏这种投入，赞赏这种心中有他人的投入。时光悠悠，人生苦短，一世只想自己，未免小小矣！能奉献美，能知道别人爱什么美，是真知心者。就是有大我者，斯是大道！

——林墉《平常心》

林　墉：

倘若认真地探索楚雄的艺术，你一定可以洞见其受海派艺术与岭南派艺术的熏染。就笔墨技术而言，他的海派遗风很明显。但就其审美倾向来看，他却更近岭南派的雅俗共赏。加上他着实把根插在生活泥土里，于是他的作品形成了欣赏层次宽

2010年，广州美术学院“可惜无声——方楚雄的艺术世界”画展开幕式现场

地涌金莲 2021年 纸本 137cm×34cm

阔的特色。通俗地说，他的绘画风格就成为较易被接受、较易流行的画风。这一点，应是楚雄的优势。画到没人看的雅，自然很可怕；画到人人看而不俗，倒是很可喜的，而楚雄的画正亦如此。

——林墉《灵秀之歌》

陈传席、许宏泉：

方楚雄的作品充满着南国生活的情调，他采取工笔与小写意的方法，使得他的作品严谨而又鲜活。就工笔而言，他没有刻意制作的匠气；就写意而言，他又没有一味的霸悍、一味追求痛快淋漓的草率。他将工写结合，也在寻求恬静优美的视觉效果，加上他的画面中充满着浓厚的生活气息，所以在岭南绘画中也算一种别样的面貌。他既不像前一辈岭南画家高剑父、高奇峰一样极力地追求色彩、形象的逼真，又丝毫没有貌似东洋水彩画风的半中半西的形式，而是在海派小写意与传统工笔画之间寻找着更贴近生活、更优美的形式。他的画也不像文人画所追求的逸笔草草或非常简练的境界，而是以其繁花茂草的茂密的构图表达生活的蓬勃生机，这可能与传统文人画所追求的萧瑟荒寒的情趣大不相同。正因如此，方楚雄才显示出一个当代画家对艺术、对生活、对文化特有的态度，这种态度也是画家的个性。在这个多元的时代，我们没有必要苛求画家按照传统审美的习惯进行创作，也没有必要按以往的约定俗成的审美规范来要求当代任何一个画家的创作行为。

——陈传席、许宏泉《刚健而宛丽的画风》

黄渭渔：

在当今中国画坛上，兼工带写或大写意的花鸟画

春风 2003 年 纸本 195cm × 145cm

古木逢春
2012 年　纸本
181cm × 98cm

2014 年，方楚雄与江文湛、卓鹤君合作大画

作品，数不胜数，难免有浅薄平庸之流。方楚雄处在这种气氛之中而不随大流，以沉实的个性和自信心，坚持着“雅俗共赏”“传统和现代相结合”的宗旨。他一方面在生活中搜尽奇观，积累丰富的材料，在他的许多生气勃勃的作品中，不少得益于写生之作；同时又广泛地去吸收、借鉴古今中外艺术的精华，择其益者加以消化，故能广收薄发，在博中求专。例如在探求表现“大花鸟”的意识中，企图超越过去的折枝花鸟的局限，去发掘出更大的空间容量，就显示了他的艺术包容量的博大。

大自然的赐予无限丰富，为花鸟画创作提供了肥沃的土壤。但花鸟画的创作不仅为了创造自然形态，而是通过这些景观去点拨、感受人生，抒写性情。要在作品中使观众触景生情，必须调动形式美的各种因素。在方楚雄的笔下所表现出来的庭园美趣、乡土情韵、走兽雄风以及对大自然生命的讴歌，都抒写出人与自然之间的和谐。

——黄渭渔《平中寓奇显大手笔——略评方楚雄的花鸟画》

赵曙光：

在创作对象的选择上，方楚雄从来是不拘一格，万物生灵皆可入画。于是我们

南粤大地 2017 年 纸本 146cm × 380cm

看到，各种各样的动物造型一一出现在他笔下，这些动物画既有情趣又具现代感，予人以视觉上的享受，这无疑极大地扩充了花鸟画的题材和意境。在艺术创作中，方楚雄崇尚顺其自然，反对逆本性去做事情。在他看来，作画不必拘于形式，画从心出，笔随神走，他的花鸟画处处呈现着这一思想。而他的动物题材的画，更是大大超出了前人涉猎的范围，也是对这一艺术思想的最好诠释。在美学上，他属于现代岭南风格的实践者，强调源于生活，突出语言的写实再现功能，以平易近人的趣味满足大众的欣赏习惯。

——赵曙光《万物皆有灵 唯恨墨无声》

鲁慕迅：

方楚雄所使用的写实的表现手法，是以他数十年刻苦磨练得来的扎实的写实功力为基础的。他的娴熟的笔墨技巧和得心应手的造型能力以及提炼生活、驾驭题材的本领，都使得他创作动物画看来游刃有余。作者有精雕细刻的能力，但并不一味求细，他的技巧总是为着创造形神兼备、富有内涵的艺术形象服务的，也是为着表现作者的审美理想和内心情感服务的。他的工笔动物细而不腻，有一种轻松自由之感，而意笔的花卉和环境则笔墨洗练，表达准确，和工笔的动物达到了和谐统一，从而形成他那高雅的格调和清新的画风。

——鲁慕迅《方楚雄的动物世界》

俩小无猜
2012 年　纸本
174cm × 97cm

盛放的紫荆
2022 年　纸本
181cm × 97cm

梁　江：

方楚雄有娴熟自如的驾驭笔墨的扎实功力，读他的花鸟画作品，常使人产生举重若轻、游有余地的感受，这当然是他几十年不懈地实践的结果。他的作品十分注重传达有据可依、有感而发的真情实感。他画花卉，画植物，画飞禽走兽，总是有意无意地集中于一种盎然的生机、一种撩人的情趣。在他数量众多的作品中，有春华秋实的景致，有田土农家的情怀，有大自然的天籁。方楚雄是以清新隽雅、活脱灵秀见长的，在他笔下，即使凶猛如狮虎，所着力凸现的也不是那种令人触目惊心的威慑力量，它们所标志的，仍是一种可供观者品味观照的生命的情态。于是，我们不难明白，方楚雄的作品本意并不在于诱导当代的人们去环视过于挤迫的生存空间、过分急速的生活节奏，去发掘自己躁动迷惘、焦灼不安的精神角落。那种轻松的笔调，那样清新的气息，那份亲切的韵味给你的是温馨的回味，是轻轻的抚慰，有如我们面对着清秀、沁人心脾的水仙，面对着窗边攀缘缠绕的绿萝，或者，面对着经常出现在方楚雄笔下的、机灵地在林间穿插跳跃的小松鼠。

——梁江《送你一张安乐椅》

符国章：

置身在方楚雄的花鸟动物画作品中，似乎进入了一个宁静淡远的境界，这种清雅优悠，在远离了大自然的现代都市里，使人蓦然感到了生命在这里的舒展。

方楚雄的画，自然中见亲切，满蓄人间鲜灵活气，朴实而绝无拘泥之迹。他的花鸟动物作品，多以平凡山村农家、田园幽涧为题材。极普遍的事物信手可入画，不但洋溢着浓厚的生活气息和强烈的时代感，而且构图简捷奇崛，出人意料，充满了人情味。

把偶然得来的独特感受上升为诗意的画面，赋予自然的灵气，再融入生活的色彩，这正是方楚雄艺术的魅力所在。

自然平淡处，必有真境界。

自自然然地作画，方见自自然然的真！

——符国章《自自然然才是真——观方楚雄画展》

王　凯：

方楚雄强调的“写生”是通过花鸟草木的真实描写传达特性，寄寓感悟，缘物寄情，托物言志。方楚雄强调的“写意”是以意为思，追求淋漓尽致、抒写情意、表达心机。

千年银杏
2022 年　纸本
248cm × 219cm

霸王花
2015 年　纸本
138cm × 69cm

椰苗　1998 年　纸本　46cm × 34cm

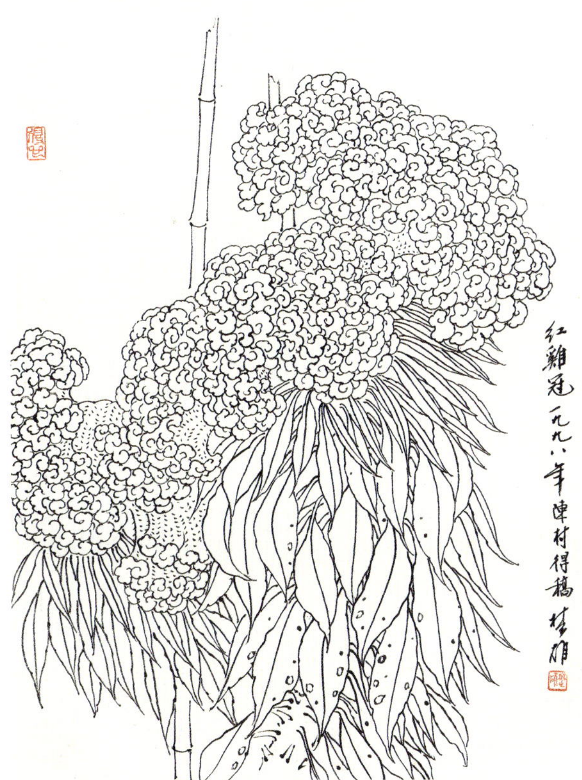

红鸡冠　1998 年　纸本　46cm × 34cm

为此，方楚雄的立意不是单纯地为了画花绘鸟而画花绘鸟，亦不是照抄自然，而是紧紧抓住自然与人间生活的际遇及思想情感的某种联系而给予强化的表现。既重视“真”，要求花鸟画具有识夫鸟兽花木之名的鉴赏作用，又注重“美”，强调其夺造化而移精神的怡情作用，还注视“善”，主张通过花鸟画的创作与欣赏影响人们的志趣情操与精神生活。

——王凯《画到天机流露处　无今无古寸心知——方楚雄花鸟艺术的“兼工带写”之探索》

徐聚一：

方楚雄先生有以造化为师的写生之力，也有以人心为本的写心之功，故足可相信待其人书俱老变化之际，造型与笔墨能彼此相得。造型或更意象化，说不定更加稀奇古怪而仍不失其生动、活泼与可爱之趣；笔墨或更自由，说不定更加恣肆酣畅而仍不失其平和、温厚与清雅之意。

——徐聚一《写生与写心——看方楚雄的动物世界》

徐沛君：

方楚雄风格稳健，心态从容，取材广泛，这使他在当代花鸟画坛独树一帜。从方楚雄的近作中可以看出，他已在继承传统笔墨观的基础上展开了适应时代审美需要的自觉艺术追求。无论在工笔画还是在写意画的探索上，方楚雄都显示出求天趣于法度之中、寓绚烂于朴素之内的审美取向。

——徐沛君《运转变通　文质自然——方楚雄作品的笔墨特征》

荷香十里 2020 年 纸本 179cm × 391cm

荷香十里
十里荷香天地飄綠裙玉女弄纖腰更添水鳥三聲叫勝卻瑤池無限嬌
石廣生詩
庚子立秋

深山聚猴
2019 年　纸本
138cm × 69cm

春风羊群
2017 年　纸本
137cm × 69cm

“天地生灵——方楚雄的艺术世界”中国美术馆个展艺术辑评

由中国美术家协会、中国美术馆、中国画学会、广州美术学院主办，广东省美术家协会、广东美术馆、广东省中国画学会、当代岭南艺术研究院协办，广州鲁逸文化承办的“天地生灵——方楚雄的艺术世界”展于2021年9月8日下午2：30在中国美术馆开幕。下午3：30在中国美术馆七层学术报告厅举行研讨会。此次展览由吴为山、李劲堃担任总策划，尚辉、王绍强担任学术主持。

本“艺术辑评”收录的是此次展览的开幕式致辞、研讨会发言及媒体采访内容。

南方的清新之风

范迪安

方楚雄先生带着他丰富的艺术成果来到北京，让我们比较全面地了解他几十年的探索历程，以及他在花鸟画艺术这个领域的创新建树和重要经验，我想这是我们美术界一次很好的交流。今天美术界从老画家到中青年同人来了很多，说明大家都很有意愿与方先生多做交流，特别是向他学习艺术经验。在这里，我和徐里书记，以及到场的中国美协主席团的各位副主席一起向方楚雄先生的展览表示热烈祝贺！

在此之前，我已经拜读了同人们写的关于方楚雄的许多文章，特别是吴为山馆

2021 年，“天地生灵——方楚雄的艺术世界”个展在中国美术馆开幕

长为展览写的前言，也注意到今天上午的学术研讨会上大家发表的学术评价，李劲堃主席较全面地介绍了方先生的艺术经历。从这个展览中可以看到，在改革开放这样一个艺术思潮非常活跃、艺术探索非常多维的历史机遇中，方先生很好地处理了传统与创新的关系，在继承中国画传统特别是岭南画派优秀经验的同时，深刻感受改革开放时代的中国文化和艺术的活力。他一路走来，始终抱有对新问题的思考、对新课题的探讨，他的展览是当代中国画坛特别是花鸟画领域探索创新、走得扎实并取得重大成果的一个案例。

多年来，方楚雄先生十分冷静地又充满热忱地处理写生与写意的关系、墨色与色彩的关系、造型与抒情的关系等这些属于艺术本体的课题。我们看到，他在取材上非常注重生活气息，作品充满田园的情趣，展现出大自然与时代生活相交融的新的意境，作品有新颖的主题，有鲜活的形象，有我们在生活中感悟到但被他捕捉到

蕉林群鸡 2014年 纸本 363cm×124cm

的那些风情风物。中国花鸟画传统讲究描绘和表现众生品类，方先生在这方面的视野是非常开阔的，感觉是非常敏锐的。他的作品打开了我们认识自然、感受生命的新的窗口。在具体的形式笔墨语言上，他做了多方面探索，以自己对线条的敏感，用大量线条交织形成密集的画面和形象，他的满构图也构成了他非常强烈的风格样式。

所有这些，都使我们能够从他的艺术探索中得到启示。只要非常虔诚地尊重传统，只要充满热忱地投向生活，我们的画坛就能够生发出更多鲜活、生动和具有学术深度的艺术花朵。

正值北京金秋十月，方先生的展览带来了南国的满目葱茏，我相信这个展览一定会取得广泛的社会反响。

（摘自开幕式致辞）

大气象　新气象

吴为山

这个展览的题目叫“天地生灵”，方先生这些作品当中的生灵，飞禽走兽、家禽等在这个时候飞到或走进中国美术馆来，是适逢其时。因为在美术馆的这许多的展厅当中，将同时有几个展览举办。有任伯年的人物画展览、李可染的山水画展，还有伍必端的长江主题的展览，还有一个黄河主题的展览，有黄河、有长江、有人文、有山水还有花鸟，所以这是一个琳琅满目的丰富世界，是一个有“灵性”的世界。

大家知道方先生是岭南画派的重要的、杰出的代表之一。他在创作当中继承岭南画派的传统，同时在新时代里广泛吸收，学习和融汇，形成自己花鸟画的大的气象、新的气象。可以讲他把改革开放前沿广东的新气象融汇到、熔铸到他的画面当中去了。他许许多多的画，尽管截取的是大自然的一角，但是可以令人感觉到广阔自然的存在，他的那些鸟充满了灵性，他的那些狮子、老虎本来在很多的画中是有凶相的，但在他的笔下却充满了温润、充满了爱，特别是充满了母爱，这说明方楚雄先生内心有大爱。他从写生入手，在自然生活中、自然物象中寻找生命的灵性，在笔端体

2021 年，方楚雄“天地生灵——方楚雄的艺术世界”个展在中国美术馆的开幕现场

现出来。今天他这么多的作品以一种大气象、大幅面呈现在中国美术馆，与首都人民见面，我觉得这是他在自我肯定与自我超越当中，在寻找艺术的更高的境界。

作为中国美术馆在这个时候举办方楚雄先生的作品展，我们觉得适逢其时。愿方先生的艺术常青，愿方先生的人生充满鸟语花香，也祝愿方先生的艺术为鸟语花香的文艺新时代再添新美。

（摘自开幕式致辞）

丰富充实　庙堂之气

冯　远

改革开放以来，中国画的面貌发生了很大的变化，可以说是与时俱进，我很关注中国画的各个门类，人物画、山水画就不必说了，变化很大。花鸟画在现当代要出新、要有大的变化确实不容易，但是广东的同行在这方面做出了很卓越的业绩。我关注楚雄和他的作品十好几年了，简单概括来说我是这样认识他的：

第一，楚雄在从艺 60 年中具备了非常扎实的绘画基本功，中国绘画艺术语言的驾驭能力，以及中国画笔墨尤其是师造化、写生、写真的能力。方楚雄的作品非常适合用于教学，在他的作品中能看到中国画应该具有的所有的基本要素，既有传统的又有现代的，还有鲜明的岭南画派的风格，但不仅止于此，还有北方的特色。方楚雄这些年的作品，他画的花卉、翎毛、走兽，特别是他画非洲草原的作品，给我们展现了一个方楚雄的艺术世界，实际上我们传统的分类是绘画，是关于植物、人、天地这样一种共情共生的世界，所以我更愿意说是方楚雄的绘画艺术。

第二，楚雄生于潮汕，其作品代表了岭南画派的风格特点，这当然毫无疑问，他深受岭南画派前辈的影响。他曾经游学北京，受李可染、李苦禅先生的影响。在他的作品中，在岭南画派的特点上又有了北方绘画的苍茫、浑厚的特质，这在他的一批树石作品中有了非常鲜明的体现，这是一个很好的现象。出于岭南画派又不囿于岭南画派，这使得他不是一个地域性画家，而是一个全国性的有卓越成就的中国画家。

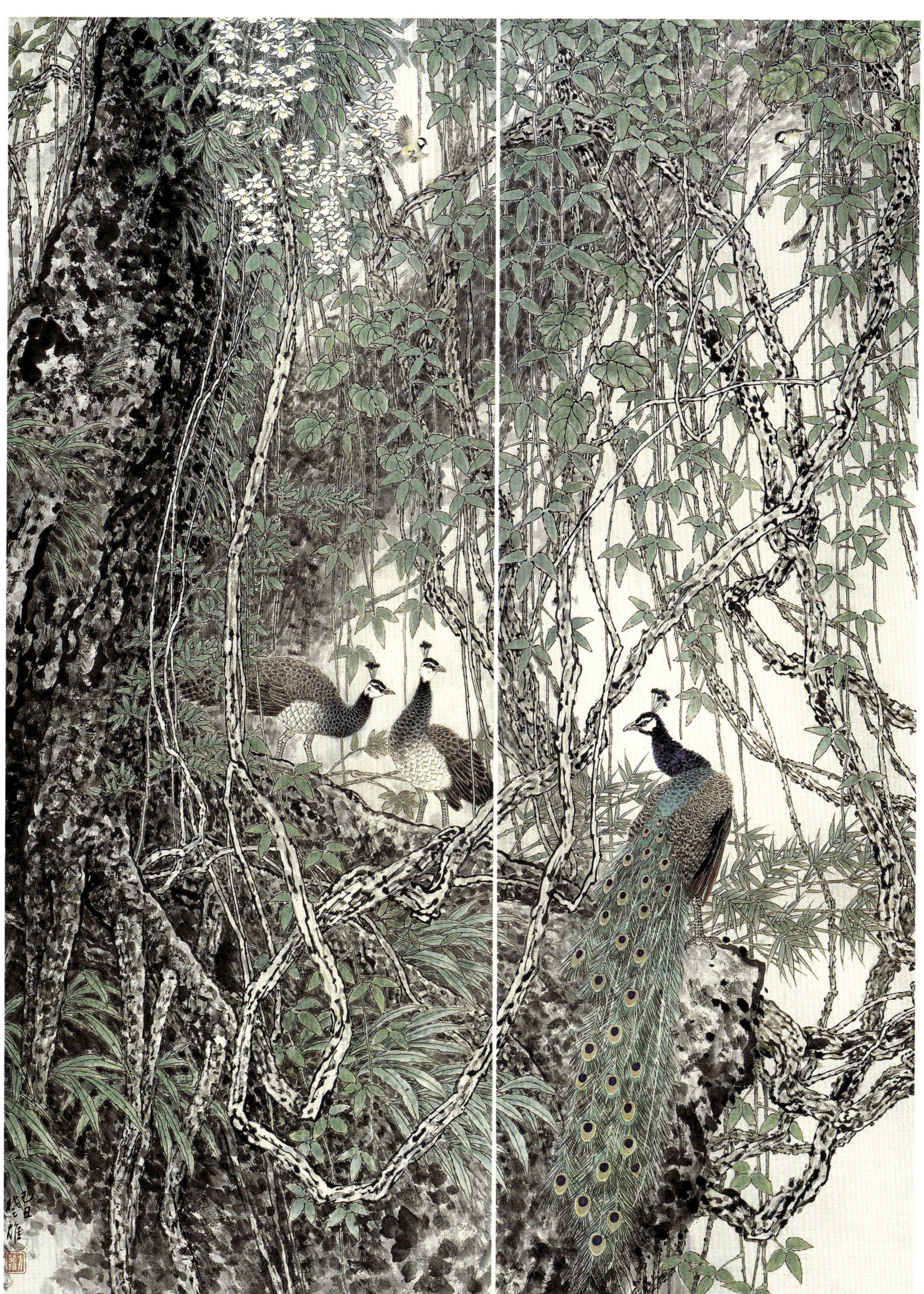

密林探幽 2009年 纸本 249cm×188cm

雪压冬云白絮飞万花纷谢一时稀高天滚滚
寒流急大地微微暖气吹独有英雄驱虎豹更无
豪杰怕熊罴梅花欢喜漫天雪冻死苍蝇未足奇
己亥末庚子初武汉新冠肺炎蔓延全国余居家闭户作此并书毛主席七律冬云祈盼疫情早日结束 杨雄

第三，方楚雄的作品有庙堂意识，他改变了前辈画家们特别是近现代的一批名家，多少有点陈陈相因的表现手法，概念化、程式化是一种雷同化的表现手法，这样说有点大不敬。方楚雄以他的实践做了很大的突破，而且取得了很好的成绩。方楚雄笔下的大幅绘画，满构图、丰富充实，而且色彩关系鲜明。迪安先生称其具有南方的清新之风，这是他的一个绘画特质。

如果回顾中国传统绘画的历史渊源和方楚雄个人实践中的创新，我更愿意把它比作由习作小品变成绘画的大品和庙堂艺术，这是方楚雄这些年来艺术实践另外取得的一个突出的成就，我知道他参加了大量的集体创作，和很多画家有过合作，很多画家能画得好小品未必能画得大品，同理能够画大画，刷子能甩得开，未必能画得好小品，而方楚雄是大品小品兼能，这是他成就的又一个亮点。

另外，楚雄先生的作品因他写生写真，我们在花卉和翎毛、禽鸟、猫狗甚至于狮虎之间能看到某种亲近感，刚才谁说了一句那些狰狞可怖的动物在他的笔下有一种亲切感。确实如此，他的《在水一方》《草莽英雄》，他的狮虎作品，在他的笔下万物跟世界融为一体，也有跟作者融为一体的非常好的亲和感、亲近感，这是一个艺术不可或缺的元素。

最后，我要说的是楚雄先生已经跨越了技法的年代，技术语言对他来说已经不重要了，我分明能感觉到他是带着情感、带着他个人的爱好去表现他笔下的对象、世界万物，进而有一种感情，也就是自然万物跟一种大爱的精神融为一体，所以他笔下的动物让人有一种亲近感、一种可爱感。我觉得这是他的情怀，因为有了情怀才可能建构方楚雄自己的世界，也让中国现当代的花鸟画真正进入大格局、大境界，真正的大的艺术世界。

（摘自开幕式致辞）

严冬过后是春天
2019年　纸本
247cm × 248cm
（中国美术馆收藏）

2021 年，方楚雄夫妇在尚辉工作室

人和自然的新关系

尚　辉

20 世纪 80 年代以来方楚雄先生是大家非常熟悉的花鸟画家，他成名很早。我看了他的资料，在当代美术界所有有影响的评论家几乎都给他写过文章或者是做过点评，也就是说方楚雄先生的花鸟画作品一直在吸引大家。他经历过“文化大革命”、经历过改革开放初期有关花鸟画如何进行转型的变化，所以他的作品最早是从表现生活开始的。虽然画的是花鸟，但是从花鸟中来表现现实生活，这一路他发生了很多的转变，尤其是在今天的展厅，我们看到的主题是“天地生灵”，在主厅的圆厅正是“天地生灵”这件作品，表现了平常花鸟画很少表现的长颈鹿、斑马、角马，这些作品的题材是来自非洲。我们的花鸟画家并不是都能画热带雨林花鸟的，还有世界各地的一些花鸟。他的视野，他的题材范围远远超出了我们的想象，我相信这就是我们今天花鸟画家面对的问题，我们不仅仅要扩大题材还要扩大表现的地域；我们不仅仅要表现传统文人的思想，可能更多的是表现人文的精神，尤其是在受到

风荷 2017 年 纸本 180cm × 194cm

疫情冲击之下感受到生命无常的情况下，更体会到自然的可贵。方楚雄先生表达这种题材的心更多的还是来自意境的心，来自通过花鸟、通过自然来表达人和自然的一种新关系的心。

今天来到这里的是国家艺术机构的主要评论的代表，年龄层次从邵先生到张鹏和邵晓峰，可以说是代表了当代中国美术理论界的一些重要的评论家，来对方楚雄先生的作品进行研究和点评，来探讨当代花鸟画的发展。我们今天研讨会的主题更

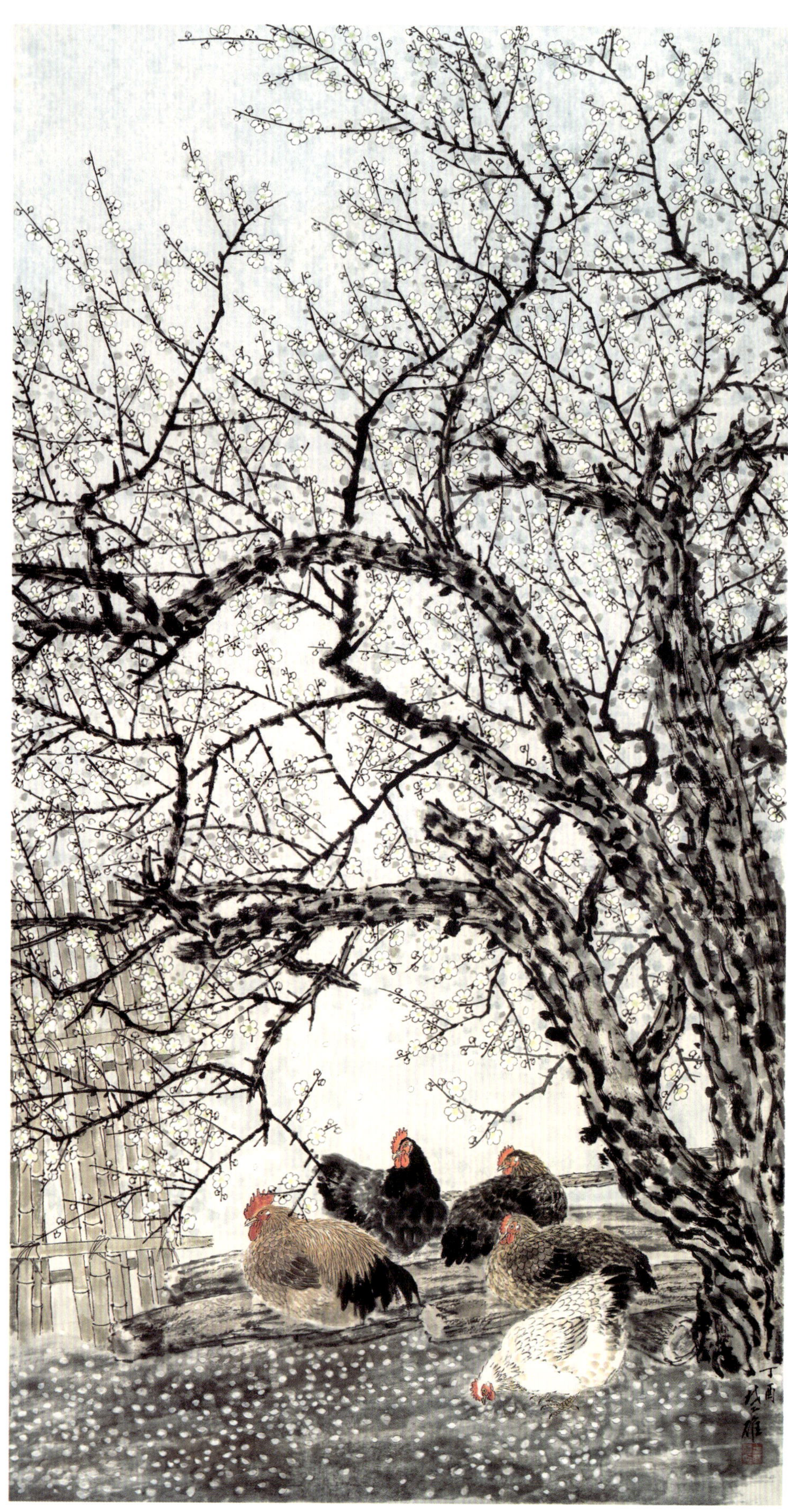

林场初晴
2018 年　纸本
180cm × 97cm

2021 年，方楚雄在中国网接受访谈

多的是从方楚雄先生提供的个案中来看、来审视当代花鸟画发展的命题，希望我们这个研讨会能够开得视野更加开阔。

（摘自研讨会发言）

壮阔的大境界

王鲁湘

我从三个方面谈一谈对方楚雄先生作品的理解。

第一，题材。我看了方楚雄的几本画册，从题材上说，它基本上已经涵盖了我们生存的这个地球除南极和北极之外的所有天地生灵。方楚雄这一点还是严格地遵循写实主义的原则。像齐白石说的一样，没看过的东西没亲临过的地方不画，所以他还是坚持了这样一个艺术创作的原则。我们从方楚雄的艺术世界中，可以看到我们熟悉的亚洲大陆、东亚大陆，南亚以及西亚，还看到了非洲，看到了欧洲。除了

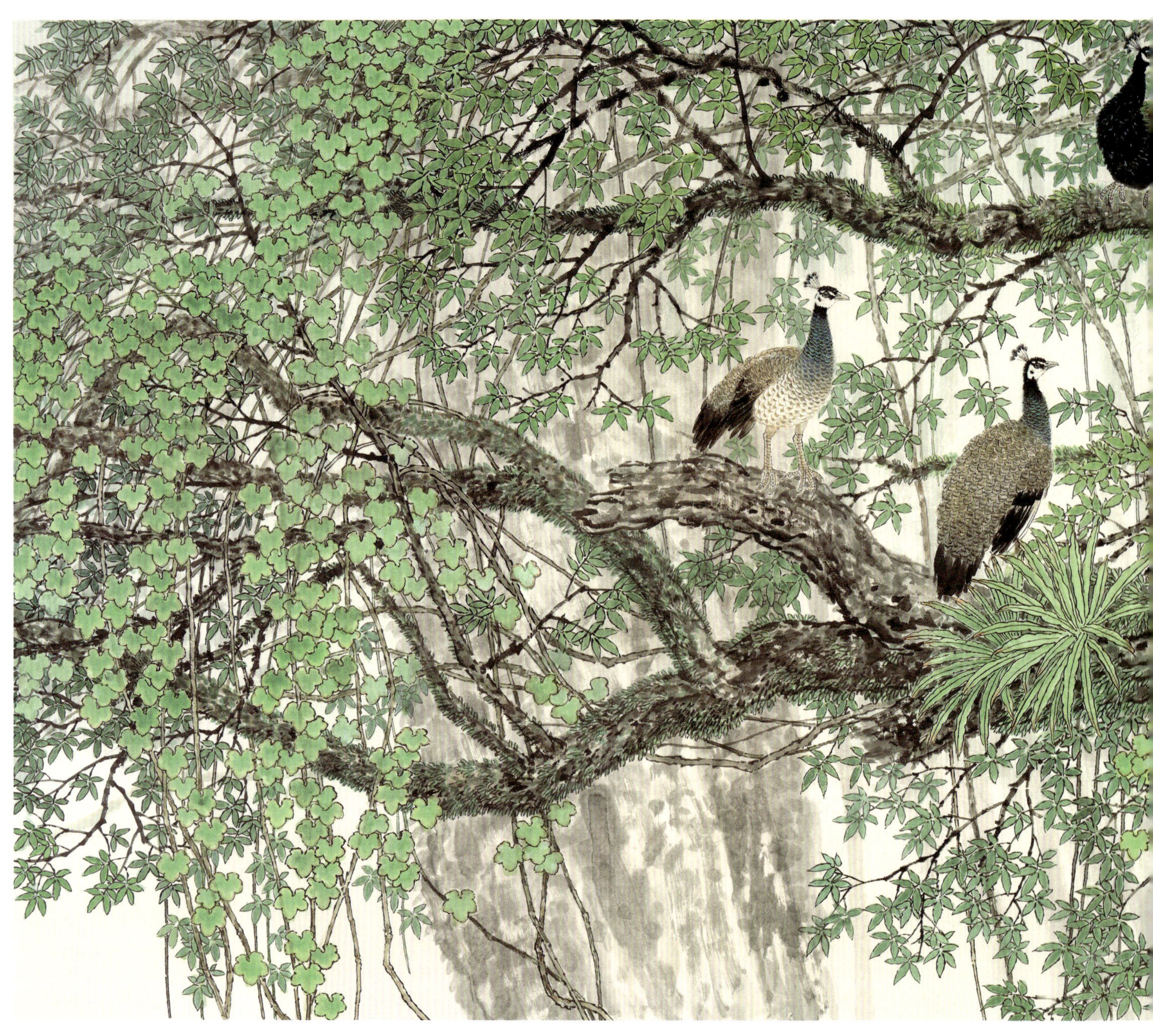

孔雀家园 2017 年 纸本 145cm×367cm

南极、北极，基本上我们地球的天地生灵都被他画过了。我觉得这就是中国当代的花鸟画家对于中国美术史上的花鸟画做出的贡献，因为古人没有这个条件，只有今人，也只有改革开放以后，富裕起来的中国的画家，才有这样的物质条件，能够周游世界，能够到这些我们过去总是耳闻的或者在教科书上见过的动植物生存的地方，亲临那个地方，去表现它。实际上在某种意义上，这个题材的扩大，就是中国花鸟

画当代性的一个表现，因为古代在题材上没有这种可能性。所以天地壮阔本身就是一个花鸟画当代性的表达。

第二，主题。花鸟画的主题，毫无疑问，在古代世界里，动物是最早闯入我们人类生活的。3 万多年前，法国、西班牙洞穴的雕塑和壁画上，就画出了大量的动物。后来大量的原始岩画以及仰韶的彩陶上，有抽象的花的图案。当然花鸟画出现

竹林伴侣
2019 年　纸本
138cm × 69cm

2010 年，方楚雄与林墉、林丰俗在广东美术馆方楚雄画展上

2002 年，方楚雄与启功先生（在北京）

2013 年，方楚雄与孙克、姜宝林（在西班牙）

2019 年，吴为山馆长到访八分园

以后，有了所谓的野逸富贵两个路径的分野，到了文人画出现，有了所谓的“四君子”题材，然后把一个植物的东西升华到一个象征主义的文人的精神和品格的世界，再到像齐白石这样的近代画家的出现，把民间趣味引入中间，让蔬笋气来代替富贵气，使花鸟画走向民间。新中国成立以后的新花鸟画，开始走向自然，把自然环境和花鸟主题结合在一起，一直走到今天。像方楚雄的花鸟，他是在一个更加壮阔的、更加广大的尺度上，来观察这一个生灵的世界，所以方楚雄的作品尺幅非常大。我们到展厅看原作的时候，最为壮观的就是极大的尺幅。这种尺幅之大，有必要吗？仔细看了一下，有必要。为什么有必要呢？他的花鸟画有点像我们北宋或者元代的全景山水。是否可以用“全景花鸟画”这个词来定义。因为他的画和我们传统的花鸟画相比，特别是和文人花鸟画相比，就是境界阔大，文人花鸟画是肯定不画全景的。我们只有在明代的吕纪、林良那里看到带有一种生机勃勃的大自然背景的花鸟画，但是那种境界也无法和方楚雄的境界相比。方楚雄的境界在某种意义上就是一个全景，在全景生灵所生存的环境里，尽可能取其广大。他要表达的不仅仅是这一个生灵的特写，而是连带着它的生长环境在内的天地气象。所以我们看他大量的作品，几乎不厌其烦。我一看到那种细腻、那种繁复、那种不厌其工，真是到了惊人的地步，但是如果不这样，这种全景花鸟的环境，这种气象，这种生机，他又如何表现？所以我觉得他首先在境界的广度上，把花鸟画的传统，

包括近现代新花鸟画的新传统，推向了一个新的表达境界的高度。

第三，“天地生灵”画展的主题。我看到英文翻译Heaven Earth&Living Creatures，天地生物，其实“灵”字没有翻译出来，如果把“灵”翻译出来就更全面了。因为方楚雄要画的不仅仅是天、地和万物，天地是个框架，万物是其中的一个载体，他要画的是灵。这个灵是什么？从他的画面中，我感觉是中国儒家、道家、墨家传统的先秦哲学。比如说“生生之谓易”，《易经》基本主题，“生生不已”贯穿中国所有哲学。儒家特别强调的“天地有大德曰生”。他们关注的是超越人类狭隘的所谓人本立场，而达到天地人贯通的一种关怀。这种关怀是什么？最核心的一个哲学概念，就叫“生”。这是古代圣贤关注的一个核心。看天、看地、看人、看万物、看世界，包括看有机物和无机物，都是看“生”，看万物相互转化。所以融入了画论、书论，变成气韵生动、骨法用笔，气也好，骨也好，都有生，都是一种生命形态。这就是方楚雄要追求和要表达的主题，而这个主题就是今天我们人类的一个共同的主题。今天我们人类能够跨越所有的民族，包括几千种语言和民间习俗的一种超越精神，那就是对天地生灵“生”的关切。

从笔墨上看，我们很清楚地看到它是一种工写结合的笔墨。方楚雄先生是一个广东画家，土生土长的潮汕人。岭南人、广东人写书法追求狂怪，不走正宗，但是岭南人画

黑松林 2016年 纸本 232cm×290cm

丙申秋於日本京都御苑得稿

画一定写实，超级写实。这是一个传统，不是所谓现在的新岭南画派和“二高一陈”，遥远的传统、民间的传统，因为你不这么做，民间就不接受你。看看民间工匠的写实能力，真的是扎实的，而且这是他们普遍的一种艺术追求，这也必然影响到画家，因为画家的画最终是要老百姓接受的。所以岭南画家普遍追求写实，追求工细的风格，这在方楚雄这里也没有什么大的变化。从大的取向上，把他归为岭南画派也是可以的。但是他跟“二高一陈”的关系，我们过去很多画家说“二高”说得多，说“一陈”说得特别少，而方楚雄的趣味和格调其实更接近陈树人的小清新。方楚雄的风格是小清新中的大清新。这个大清新就拉开了他和岭南画派其他画家的距离，这种清新、这种爽劲、这种相对的单纯，不管他的用笔也好，用色也好，都相对的单纯，不像岭南画派其他画家，追求繁复和艳丽，因为他们要追求中西融合的效果，但是在方楚雄这里，很明显地就把这些东西自觉舍弃了，他对岭南画派是做了减法的。

再一次对方楚雄先生这一展览表示祝贺，他给我们中国的花鸟画，给我们当代的花鸟画，包括给整个人类以草木花鸟禽兽为题材的所有的绘画，创造了一个新的壮阔的大境界。

（摘自研讨会发言）

南人北相

邵大箴

我跟楚雄先生交往了十多年，见面的机会并不多，见面大多是在广州开会的时候。鲁迅先生讲，人有百相，北人有南相、南人有北相，这是最好的。楚雄先生是南方人，可是他人有北相。画有岭南画派的基础，岭南画派的传统，但是又吸收了国内其他画派、其他地域绘画的精粹。他对北方绘画尤其关注。我对楚雄先生的艺术也关注很多年了，觉得他确实是南人有北相，他的画北方的特点很明显，他有岭南画派的深厚基础，属于厚积薄发型。

他应该说是当代岭南画派，以至于中国画坛里面，在花鸟画方面具有卓越成就的一位艺术家。方楚雄现在已经70高龄了，他的艺术已经经历了几十年的创作

大年 2020年 纸本 180cm×116cm （广东美术馆收藏）

千年古桑 2011 年 纸本 178cm × 247cm

探索的过程。他的绘画题材非常广泛，内容主要是包括探索生灵世界，还原生命的本质，拥有很感人的一些画面。他的作品经常参加全国性的展览，但是举办这样一个大规模的个展，在北京还是第一次。虽然大家都很了解方楚雄先生艺术的成就，但是没有看到过这么多的作品，尤其是很多大幅的艺术作品很少见到，我看了非常感动。他的画特别具有生命力，无论是画植物还是画动物，都表现了他对自然的热爱，表现了自然的气息，他的画非常大方。他的作品具有开阔的艺术视野，这是非常重要的。方楚雄先生一方面进行艺术创作，一方面很注重学习，注重探索。学习国内其他地区的艺术，参考其他民族其他国家的艺术家的创作。我觉得这点非常重要，他虽是南方人，但有北方的特点。只要细细地看，他的作品岭南画派的特色很鲜明，

榕荫
2021 年　纸本
138cm × 70cm

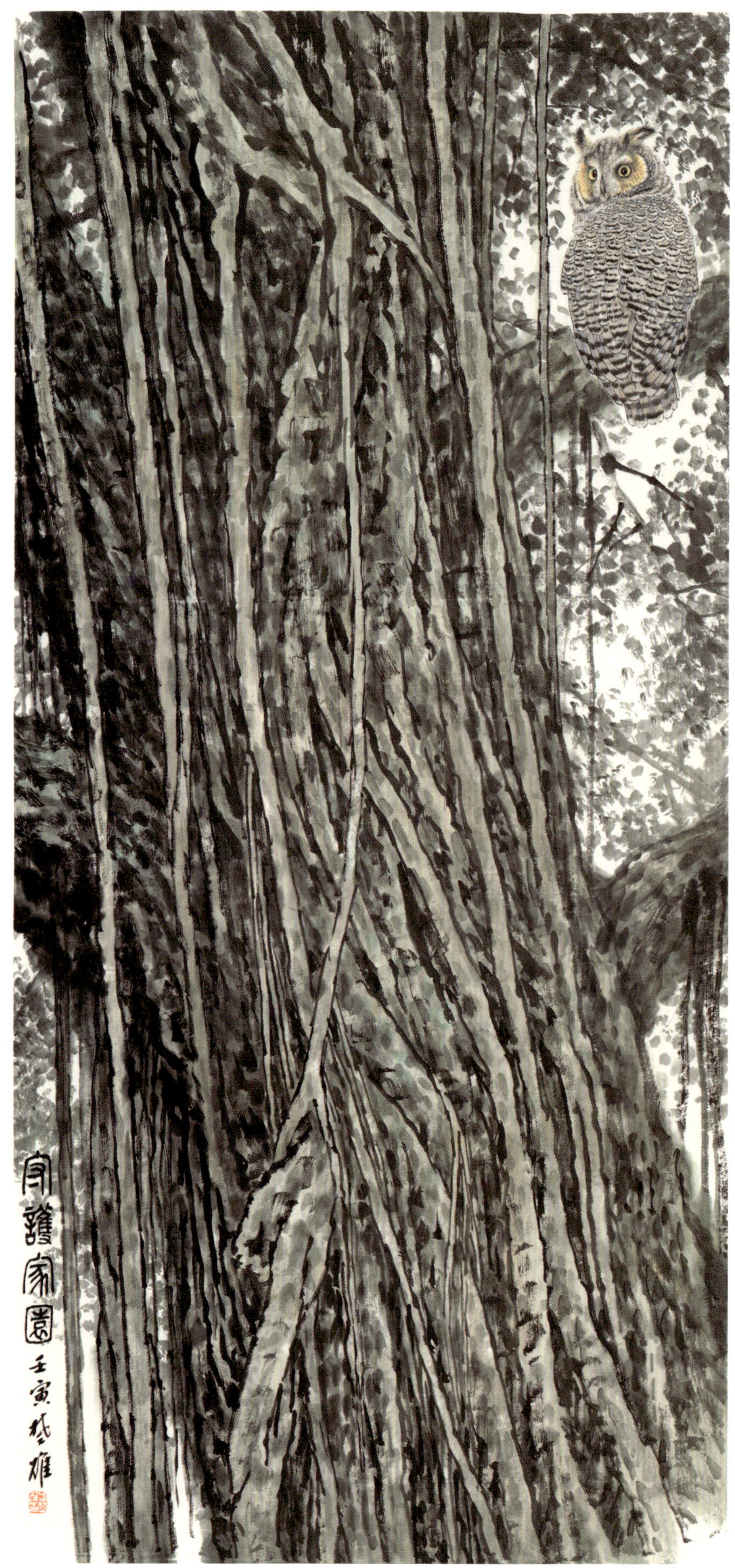

守护家园
2022 年　纸本
138cm × 69cm

山竹
1988年 纸本
136cm × 135cm

但是又具有北方的大气雄厚。他吸收了北方画派的营养，他注意功力和技术，艺术没有功力或光有技术也不行，两者缺一不可，还要有修养，他的艺术是具有功力又有修养的创造。

（摘自研讨会发言）

岭南画派的新境界

王　镛

方楚雄先生是当代岭南画派或者说岭东画派的著名画家。2004 年方楚雄在中国美术馆参加过我们中国艺术研究院主办的群展，获得了“黄宾虹奖”。当时能够获“黄宾虹奖”的作者都具有很深厚的传统笔墨功力。

今天是方楚雄的个展，我刚才在展厅匆匆地浏览了一下，又翻阅了一下方楚雄的画册，我觉得给我一种耳目一新的感觉。方楚雄的“天地生灵”展览可以说开拓了岭南画派的新境界，创造了笔墨的新样式，令人感觉特别的清新。我认为，方楚雄的花鸟动物画非常符合“致广大、尽精微”的标准。“致广大”是说他的作品题材广泛、境界阔大；“尽精微”是说他的作品造型逼真，笔墨精微。能够同时做到这两点是很不容易的。方楚雄的大花鸟画或者说大动物画尤其是今天展出的巨幅作品《天地生灵》，就是一个非常优秀的主题性创作，也就是这次展览的主题。

主题性创作不一定非得画人物，画动物同样可以表达深刻的主题，可以唤起人们情感的共鸣。我昨天在网上看到这幅画就觉得挺震撼，今天在展厅看到了原作以后非常感动。之前看到方楚雄的动物题材作品，从小动物到大动物，从小松鼠、猴子、小狗到狮子、老虎、大象，都画得活灵活现的，觉得非常丰富。现在他画的动物题材更丰富广泛了，有斑马、角马、长颈鹿、羚羊、牛等非洲大草原上的动物群，这是中国花鸟画家、动物画家很少画过的，尤其是把这么多的动物组合在一起是没有的，可以说是前无古人。而且我觉得他的主题“天地生灵”表现了当代人类关爱一切生灵的一种大爱情怀。

你看他这么多的动物组合在《天地生灵》的画面当中，动物们相处非常和谐，不是弱肉强食，不像人类社会还有很多的战争和暴力。他把人类的理想、人类的梦

密林猿踪
2016年　纸本
138cm×69cm

狗狗系列　2023 年　纸本　34cm × 46cm × 9

想投射在这部作品当中。他的动物画不仅是拟人化，而且完全注入了人类关爱一切生灵的大爱情怀、悲悯情怀，这令人非常感动。这一点是我们一般的花鸟动物画家缺乏的，我们顶多画一些小情趣，但表现这种宏大的主题我觉得方楚雄是一个创新。他画的其他动物画也都表现了人类关爱一切生灵的场景。之所以他画的考拉那么可爱，完全是因为他把自己的情感投入进去了，我想这是方楚雄的作品最感人、最吸引人的一面，甚至是值得我们从事人物画主题性创作的作者参考学习、借鉴的。因为我们很多人物画主题创作只是图解一个历史事件，很少把人类关爱生命的情感，这种普遍的人性注入画面当中，所以有的主题性创作就比较苍白，不感人。我希望方楚雄未来在这个基础上多创作几件大幅的、壮阔的、充满人类大爱情怀的作品，并且在当代花鸟画坛产生更大的影响。

（摘自研讨会发言）

身与物化

孙　克

祝贺方楚雄的画展在中国美术馆开幕，刚才在大圆厅里看到他的新作，令人振奋激赏。记得那年方楚雄的画展在北京师范大学启功书院举行，就得到一致好评，不过由于场地限制未能尽展其能。这次的画展准备充分、水平高，是近期以来最有分量的画展。

方楚雄家乡在汕头，潮汕是文化开发很早的地区，有海滨邹鲁之称。20世纪初许多人到上海学美术，所以当地美术相当普及，方楚雄自幼才能出众，有美术“神童”之称。在我们北方人意识中广东就是岭南，后来知道潮汕地区属于岭东，在美术界人才辈出，方楚雄很早从王兰若、刘昌潮先生学画，终于大成。新中国成立后，尤其是改革开放以来，社会经济繁荣，美术界的交流空前活跃，互相学习，岭南画风从关山月先生那时起就与以北京为代表的北方风习，与上海、杭州、南京、西安等不同地区的画家们相互融合，又保留各自的特色，应该说这是时代的一大进步。方楚雄在20世纪80年代初就到天津美院向孙其峰先生学习请教，他的写意花鸟画取得如此成就，也是他善于学习、海纳百川的结果。

“天地生灵”是方楚雄本次画展的主题。如今人们逐渐认识到人和自然万物的关系是互相依存的。这是人类生存意识进步的结果。自古以来，人就懂得驯养犬马为助手，饲养猪牛羊为食物。人类生存空间逐渐挤占了地球的大部分，所以地球物种迅速消失减少。如今人们认识到这样的问题，这次“天地生灵”画展不仅从艺术审美的视野，多角度深层次地展现了自然界和谐共生的美好图景，更会深深地打动观者，从而令人心灵向善，憧憬美好和谐的未来世界，善莫大焉。

写意花鸟画是中华文化对世界造型文化的独特贡献，其发展千百年来绵绵不断。在近代中西文化交流碰撞中，始终保持独特存在并且繁荣发展。一方面它是美好自然花鸟虫鱼世界的生动写照，另一方面它更是画家的性灵追求，体现了画家的文化素养、造型感知和笔墨功底，因此，中国的花鸟画表现的是鲜活生动的自然生态。写意精神在花鸟画里体现得也特别突出，成为中国画的优秀传统。

方楚雄的花鸟画继承了花鸟画的写意精神，吸取了近代花鸟画注重写生写实、源于自然高于自然的审美法则，发展了小写意花鸟画和鞍马走兽画科“以形传神”“形神兼备”的特点，尤其注重画面的整体性和色彩的完美和谐，达到明快典雅、赏心悦目的程度。我看方楚雄的花鸟画不禁感到无论哪个时代的画家，都应该留给后人一些美好的作品，成为经典。

方楚雄在他的作品里，投入的热情、精力，是如此的专注和巨大，达到了“身与物化”的程度。对艺术的热爱令他如此快乐，艺术就是他的生活，也是他的生命，是他取得成功的必要条件。

（摘自研讨会发言）

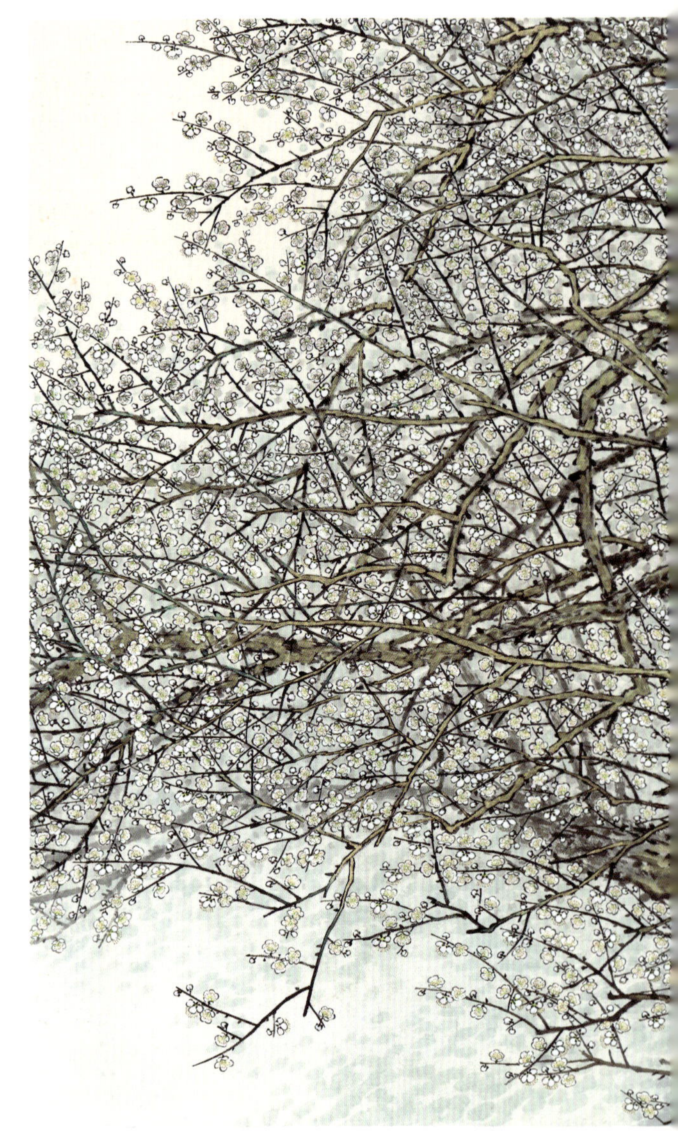

没有他就不精彩

刘曦林

方楚雄在广东美术历史的节点上是一个值得重视、值得研究的人物。广东美术从明代以后得到了显著的发展。在近现代以后，岭南画派和广东的传统派画家共同努力，形成一股合力，影响了一代一代画家，从“二高一陈”到今天，一代一代传承的过程当中都有代表性人物。方楚雄 71 岁，到古稀之

粤东香雪 2022 年 纸本 180cm × 361cm

年了，在这一代人里面，他是新中国，特别是新时期成长起来的很有代表性的人物。所以在历史的节点上应该有他，没有他就不精彩。广东美术史上有若干个方楚雄和方楚雄的老师，才形成广东美术百年来灿烂繁荣的局面。这是从历史的节点来认识。

另外他也是特色环境的一位骄子。广东是绿色的世界，在这个绿色世界里他抓住了大自然的特点。他作品的结构、色彩、情趣都和环境有关系。这个时候涉及的新时代和新时期里面人与自然的关系，从中国古代的天人合一的哲学到今天的人类命运共同体，人与自然的结合，他的思想、他的情趣和这个时代是分不开的。

他的画既繁密又静雅。有的人画了繁密的密林里的榕树，可能就忘记了清雅的

林深闻猿
2012 年　纸本
137cm × 69cm

天鹅世界 2018 年 纸本 68cm × 68cm

梅花，忘记了坚贞的松树。他把松树和喜鹊、梅花与鸽子画在一起的时候，画面是非常喜庆又非常高雅的。他的画工整细致的比较多，属于小写意，既吸收了岭南画派的传统，又吸收了文人的笔墨，吸收了文人的情趣，他的作品境界是提高了。

（摘自研讨会发言）

曹溪元梅 2018 年 纸本 145cm × 356cm

温润自然 谦和的美

龙 瑞

方楚雄先生是当代著名的花鸟画家。方楚雄先生的艺术既受岭南画派的影响，又具有中国文化多方面的传统和功力，同时他的艺术又和这个时代有很大的契合。所以我特别感受到他的画有一种对自然的热爱、对生命的热爱。无论是花花草草，

还是动物翎毛，他都用一种充满了爱的感觉、热情去观察、去描绘这些题材。

方楚雄先生的画我非常喜欢，给我一个很大的启发：不管是工笔还是意笔，都是表现语言，关键是有没有内涵。方楚雄先生的画，我觉得不管是他的工笔画，还是写意画，都能够达到一个比较高的境界，带我们感受这种自然界的美。从大象、长颈鹿这些大型动物到小鸟、昆虫，各种花、草、树都是他创作的题材，甚至包括人家送来的海鲜，他也津津乐道地去画。说明方楚雄热爱生活，热爱艺术，反之，他热爱艺术是由于热爱生活。在生活中他的格调是高的，他的画有种吸引眼球的魅

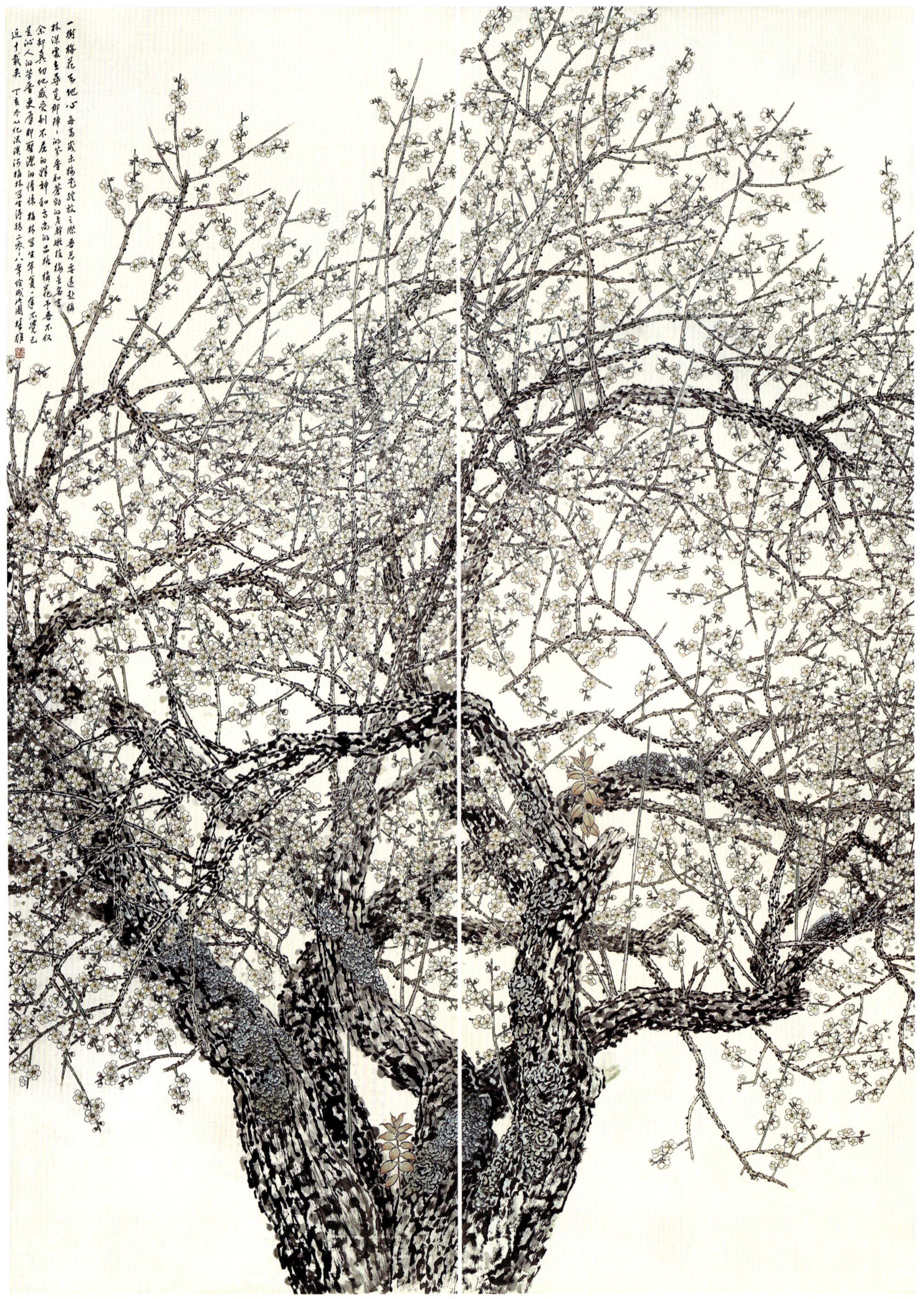

一树梅花天地心 2008年 纸本 246cm×180cm

2021 年 9 月，天地生灵 · 方楚雄的艺术世界学术研讨会在中国美术馆举行

力，非常漂亮，非常美。同时就像他人一样，有一种温润的、非常自然的、谦和的美，这种美是有一定的生命力的。他的画使我们更加热爱生命、热爱生活、热爱自然，所以说方楚雄先生的艺术是极具代表性的，是当前我们国家少有的在花卉、翎毛、走兽这方面有杰出成就的优秀画家。

另外，观看方楚雄先生的作品还有一种感受，他的画是美而不俗的，这种美中充满了一种高格调的境界，这一点是难能可贵的。

（摘自画展媒体采访）

歌颂天地　赞美苍生

卢禹舜

方楚雄先生是当代最具影响力的艺术家，同时他也是教学成果极为丰富的一位教育家，应该说创作成果丰富，人才培养非常成功。个人创作在当代产生了非常广

2021 年，方楚雄与龙瑞在观看画册

2021 年，方楚雄与卢禹舜在中国美术馆

2018 年，方楚雄、林淑然夫妇与刘曦林

2010 年，吴南生先生参观方楚雄师生画展

泛的艺术影响。我印象最深的是他始终都在歌颂天地、赞美苍生，用他的人文情怀来面对现实生活，这使他的作品让人感受到有温度、有感情、有道德。尊重传统，热爱生活，富于创新和创造是他最大的特点。另外，我们感受到他在用心、用功、用情去完成每一件作品。他思路非常缜密，制作非常严谨，每一件作品都能够让我们感受得到他考虑得非常周全。应该说有精神，有思想，他在广泛地吸取前人和古今中外的成果和经验。在广取博收的情况下，我觉得他的每件作品都体现出艺术精良的特点，另外他对艺术本体的研究也达到了相当的高度，每件作品在制作上也都非常精美，思想精深，艺术精湛。所以说他给人们的审美理想带来一个非常好的、积极的引导，他是创造了无愧于这个时代的优秀作品，奉献给社会、奉献给人民的艺术家。

（摘自画展媒体采访）

画如其人

何家英

方楚雄先生是一位非常优秀的广东画家。他刻苦努力，不断探索，创作了大量以动物为主的花鸟作品。他的从艺之路经过很多地方，曾到过北京、天津等地求学，跟孙其峰先生学习，艺术技艺得到了很大的提升，所以在广东画坛中，他有着自己独到的艺术表现手法。

方楚雄先生画如其人，每一笔都显得特别真诚和真挚，非常实在和到位。在每一张作品中都以立体的形式去表现，这是需要莫大的耐力和勇气的。他敬畏自然、尊重自然，用心感受，在生活中汲取营养、获得灵感并用毕生的精力努力去实践，这是他取得成就的原因。

（摘自画展媒体采访）

2018 年，方楚雄夫妇在广东揭西黄满寨写生

自然关照　中国诗情

郭怡孮

方楚雄先生是我国当代非常有成就、非常有代表性的花鸟画家。他是非常全面的，是新中国成立后我们培养出来的新一代花鸟画家和人才。所谓全面，是说他有传统的基本功，很好地继承了传统花鸟画的特点。另外，他从生活中来，这是他一贯坚持的路子，他随时在写生，随时在观察大自然，随时在体验我们现代人的生活，而且用现代人的眼光对待草木鸟兽。他对草木鸟兽的观照是一种中国的诗情。所以他的作品具有时代的气息，表现了这个时代我们对大自然、对草木鸟兽的感觉、感情。这些年来花鸟画之所以有进步，首先是因为它是一

2023 年，方楚雄在广西德天瀑布写生

2023 年，方楚雄带学生在广西安平写生

喜上梅梢 2021 年 纸本 97cm × 180cm

种对新的题材的表现方式。方楚雄先生始终在抓新的题材，他有捕捉对象的能力、现代人的眼光。另外，他热爱生活，深入生活，仔细地观察，有把生活转化成图像的能力。方先生发现了特殊的美，他是发现了还能捕捉到，捕捉到还能表现出来。所以我们说他技法比较全面，创作力比较全能。他把它表现出来，而且表现得非常有艺术性。这种神似不失真，又带有笔墨，又带有艺术性，还带有个人特点的作品是他所擅长的。

（摘自画展媒体采访）

神农金猴
2015 年　纸本
138cm × 69cm

狮头鹅
2009 年　纸本
236cm × 124cm

2019 年，方楚雄在新加坡中国文化中心举行的“三国言艺——方楚雄、林子平、钟正川水墨画作品交流展”开幕式上致辞

崇德尚群　生生不息

田黎明

方老师今天在中国美术馆隆重举办个人展览“天地生灵”。欣赏到这些作品后我非常感动，我觉得方老师他是一个集大成者。之所以这样讲，是因为在他的作品当中，呈现了中国文化中生生不息、自强不息、厚德载物的气象，这是一种时代的气象。他的每一件作品都是在境界当中来开拓时代的形象。我们知道中国画要讲境界，要讲人文精神，讲时代气象。我想这些在方老师作品的每一笔墨当中都被呈现了出来。

作为一个画家，他一定要有饱满的情感，来融入时代当中体验时代、体验时代自然、体验时代的真善之美。我想在方老师的这些作品当中，我们今天都看到了，都感受到了。中国宋代花鸟画是一个高峰，而且宋代是一个讲理性、讲理想、讲境界创新的时代。那么我们在看到方老师的这些作品时，感受到的正是这样的文脉传承，他把中国文化博大精深的这样一种人文理念，注入在他的每一幅作品的笔墨和造型当中，注入在他对生活的一种观照当中，而且他对生活的观照充满了情感，而这种情感出于一种赤子之心，正因有这种赤子之心，他的作品在境界的开拓上呈现了一个时代的智慧、时代的精神。我认为方老师的作品的气象非常清新、非常深远，又非常平常。正是呈现了万物生长的平常的生活，才把中国文化所强调的崇德尚群、生生不息的精神内涵恰当地表现出来了。

（摘自画展媒体采访）

雅俗共赏之路

王明明

在当代的花鸟画家中，方楚雄先生涉猎的题材种类是最多的，一是他在追求自己对大自然的感受；二是他在思考人类与自然界之间的关系；三是他在思考画家如何与观众沟通，我认为他走的是一条雅俗共赏之路。

他把自己的很多感悟呈现在画面上，他对动物的情感与观众是紧密联系的，大家看了他画的动物，心情是愉悦的。另外，他也把情感注入绘画之中，大家感觉也是心情舒畅的。作为一个画家，如果能直接感悟自然，又把自然的美传递给观众，我觉得这是非常可贵的，也是在当今画坛并不多见的。

（摘自画展媒体采访）

胡杨暮色
2017 年　纸本
140cm × 206cm

2018 年，在肯尼亚写生

2019 年，在印尼巴厘岛写生

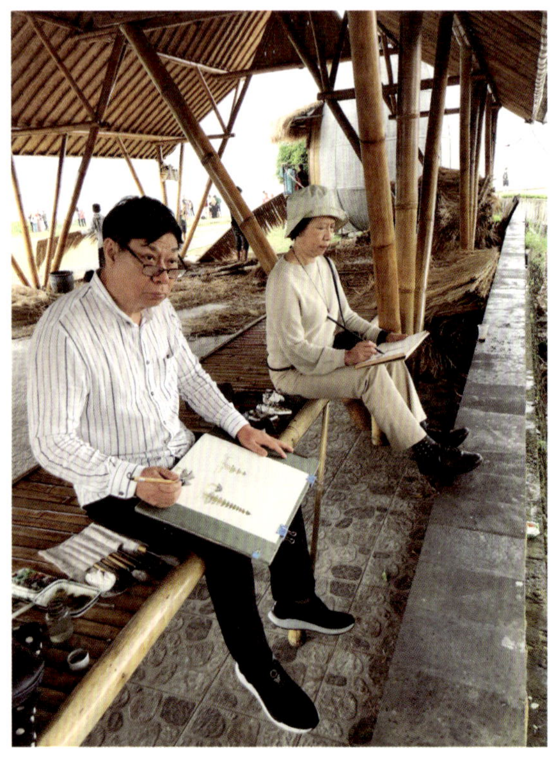

2019 年，在印尼巴厘岛写生

继承发展了中国花鸟画

崔如琢

方楚雄先生是我 40 多年前就结识的老朋友，这次在北京中国美术馆看到他 40 多年来的创作历程，最大的感觉就是震撼。没有想到这 40 年来，他创造了那么多精彩的作品，因为中国画发展到今天，尤其身在广州岭南，感觉到他和岭南画派已经完全不同了。岭南画派从高剑父、高奇峰、陈树人，到黎雄才和关山月，还有香港的赵少昂和杨善深，这些都是岭南派的代表人物。方楚雄的花鸟画不只是发展了岭南画派，他的作品，虽然是花鸟画，但有写意、有工笔、有兼工带写各种形式。我最大的感受就源于他这种创新精神，而且都是大作，所以看了以后想法很多。

我觉得方楚雄先生这 40 年来真的是在认真地继承和发展中国花鸟画。在当前的这种形势下，如何发展中国画，是一个非常严肃的大课题。这一次看到这么多的创作，我觉得美术界所有的艺术家同人应该认真地去思考中国画怎么发展。我觉得每一个画家都应该向方楚雄先生学习，学习他的这种探索精神、研究精神和创作精神。我们认识的时候都才 30 岁左右，他 40 年来的变化和取得的成就，真的值得大大地写上一笔，值得大家学习和宣传。中国画的继承和发展在当前来讲是一个非常大的课题，所以方楚雄的这个展览对北京艺术界、国

2019年，“天地生灵——方楚雄的艺术世界”在重庆美术馆开幕并举办“方楚雄艺术研讨会”

画界来说不仅是展示，还起到了推动中国画发展的作用。为我的老朋友楚雄先生取得这种辉煌的成就感到欣慰，表示祝贺！

（摘自画展媒体采访）

当代花鸟画应有的格局

罗世平

以前，我是偶尔看过几次方楚雄先生的作品，这次展出的作品很全面，反映了方楚雄先生在40多年的教学、60多年的绘画中的经历，艺术历程非常清晰。今天的展览是他教学成果和创新成果一个综合的展示。

他所关注的花鸟画不是我们传统意义上的花鸟画，“天地生灵”这个展览的题

20 世纪 80 年代，方楚雄与林丰俗（左三）、林墉（左四）、汤小铭（左五）在从化温泉宾馆合作画

2003 年，方楚雄与吴悦石在广州美术学院美术馆

2011 年，方楚雄与杨晓阳、徐里于中国国家画院

目取得非常好，非常准确地诠释了他在花鸟画创作上的理念。读他的自序，了解到他一辈子追求两个目标——感受生命、赞美生命。他的画确实是这样实现他的艺术理想的，这个过程非常清楚。所以我们如果把他这种对生命的重视的程度放大一些，自然是今天的环境问题。每一幅作品都下了扎扎实实的功夫，投入了大量的精力，展出的每一张画，哪怕是写生中的小画都是用心去作的，这个很难得，每一幅画面呈现的都是对生态生命系统的诠释。

感受生命、赞美生命在画面中用绘画的语境表现出来，已经突破了传统的折枝画的方式。如果说在花鸟画的大格局上有当代性的话，方楚雄先生这次的展览应该是有代表性的展览。

他的绘画从整体风格来说和岭南画派是分不开的，他既发挥了岭南画派从“二居”开始，无论是老的传统、新的传统，花鸟翎毛，很多画家在有些方面是很擅长的，如果把他们放在一个生态体系里去画，就很难体现更多的观照和更深的体悟。我们可以从方楚雄的画中发现一个很重要的特点，他的画除了对一个真实的或者是类似真实环境的艺术表现，突破的程式是非常突出的。如果画家在创作时用传统的程式，重新创作的时候必须带有他独特的体验和情感表达，如果没有情感的投射，即使他有再

空谷幽香
2018 年　纸本
138cm × 69cm

雪域 2017年 纸本 57cm×69cm

深厚的传统功底都不能说是创造，这就是艺术最重要的本质，艺术的本质就在于创造。

所以，艺术家该做的是在程式中画出新意，用程式来表达独特的感情。这点在方楚雄的教学中有深刻的体现。他带学生不断地写生，通过写生的过程，把他的情感表达出来，于是他的创作才会表现得更充分。

（摘自研讨会发言）

向上的精神

刘万鸣

我们首先感觉到方楚雄先生的展览题材非常丰富，可以说是包罗万象。无论是花鸟还是走兽，整个展览洋溢着一种积极向上的氛围，其实它和中国传统花鸟画已经拉开了很大的距离。古人所表达的是孤冷之感，但是在方楚雄先生的作品当中，我们感到的是一种生活的繁荣之感和一种向上的精神。

方楚雄先生的作品中有一种时代感，这种时代感就是他的作品中积极向上的精神，映射出他对生活的热爱。所以我们看到他画的大型动物和花鸟草虫，无论是神态、姿态，都给人以可爱的、温馨的感觉。这是方楚雄先生艺术的又一特点。另外，方楚雄先生的画在新的基础上，有深厚的传统功力，有对中国传统花鸟画深刻的认知。他是在传统的基础上创新，所以他的创新给人的感觉是稳重、踏实的，在沉稳当中透露一种内在的厚度。这种厚度不仅是画面本身的笔墨语言，更能彰显的是一种精神，是方楚雄先生绘画的精神，包括他的人格魅力。

（摘自画展媒体采访）

百花齐放中的一朵独特的花

陈履生

方楚雄的绘画风格是比较独特的，有岭南的清新，从中能够看到前辈画家对他的影响。在中国花鸟画的发展过程中，他做了种种努力，扩大了多种题材，也增加了画面表现能力。我们从他过去的作品中发现，其小幅作品画得非常精到。但这次展出中有很多大幅的作品，我们惊喜地看到了他所追求的更深层次的内涵。这次展览画作内容既有来自非洲草原的野生动物，也有来自广东地区农家普通的家禽和家畜。在这些丰富多样的题材中，方楚雄经过多年的努力形成了花鸟画发展中的一种现代风格。毫无疑问，在当下这种以工笔为主流的现状中，他以兼工带写的方式形成了自己多样而独特的面貌。所以方楚雄的努力让我们非常高兴地看到了他的成果，

雄姿 1991 年 纸本 67cm × 67cm

看到了他的独树一帜和对大自然爱的情怀。所以在这种对现实的表现中，我们看到他近年来的努力，一方面扩大了题材，一方面解决了这种表现中的整体关系问题。在这样一个整体的关系中，人们依然可以看到他画得非常工整，但是他的工整绝对不是工细。所以这种风格在当代中国花鸟界的独特性，正是百花齐放中的一朵独特的花。因为在工笔花鸟的发展中，需要有这样一种精神和品格的表现。因为只有注入这样一种文化的品格，才能提高当代中国花鸟画独特的人文精神。如果缺少人文精神的话，如果我们仅仅是画一些花鸟和动物的话，就不能展现独特的中国花鸟画的魅力。宋代以来花鸟画的发展到了当下的现代风格，尤其是方楚雄的这样一种独特风格的呈现，正是我们今天所要研究21世纪以来发展的个案。

（摘自画展媒体采访）

对世界、自然、生命的热爱

李宝林

方老师对世界、对自然、对生命有一种热爱，所以他充满激情，才能这样严肃地画，用生命和感觉来画这些自己关心的、爱护的东西。另外，方楚雄先生对艺术有严肃、认真的态度。我看了这么多作品，每一幅都值得我们细细去品味、细细去观察。作为一个画家，能让人在每一幅画前，停下步伐去仔细研究，这是很不容易的事情。所以在看展览的时候，能够在每一幅画前稍微停留一会儿就很不容易，因为有一百多幅作品，这些作品每一幅都非常精彩，每一幅都非常认真，每一幅都笔笔到位，这是很值得我们学习的。我看过很多的展览，这是我特别喜欢的展览。

（摘自画展媒体采访）

开拓崭新花鸟画创作的道路

姜宝林

方楚雄先生的绘画风格有几个特点：第一，他抓住了大自然当中植物、动物特殊的美。这是因为他长期深入生活，观察大自然，所以他捉住了生活、大自然给他的美。第二，他表现的是笔墨美，同时又体现了他所选取的题材的美，所以他的画充满了生机，他突破了传统花鸟画、岭南花鸟画的公式化、概念化，他画的是自己的心灵。我觉得这在花鸟画界是非常突出的，给我们开拓了崭新的花鸟画创作的道路。第三，他的笔墨语言非常丰富，他的技巧非常全面，能把他的笔墨修养、技巧和大自然的生动美结合在一起，构筑了一个充满生机的、生龙活虎的境界，他的画具有永久的生命力。第四，方老师的作品已经把我们带入了新时代的气息当中，他

两小无猜
2011 年　纸本
138cm × 70cm

2010 年，广州美术学院“可惜无声——方楚雄的艺术世界”研讨会现场

表达的是现代人的生命取向、现代人的审美爱好，所以他的画让人感觉很亲切、很生动，给人以蓬勃向上的正能量。

（摘自画展媒体采访）

诗意的美

陈瑞林

方老师的画就是画现实、画生活，画细枝末节，没有用一个大艺术家居高临下的眼光来俯瞰芸芸众生，而是画得非常朴实。

方老师的画表现生活之美不是依样画葫芦，不是那种单纯的被动的反映，而是有创造的诗意美。现在我们看了很多画以后觉得兴味索然、味同嚼蜡，没有意境、没有诗意。方老师的花鸟画充满了诗的意境、充满了诗意的美，而且它的美不是西方诗的美，是中国现代诗的美、散文诗的美，娓娓道来，对他生活的场景，经过提炼、

今年炮仗花更红
2018 年　纸本
138cm × 69cm

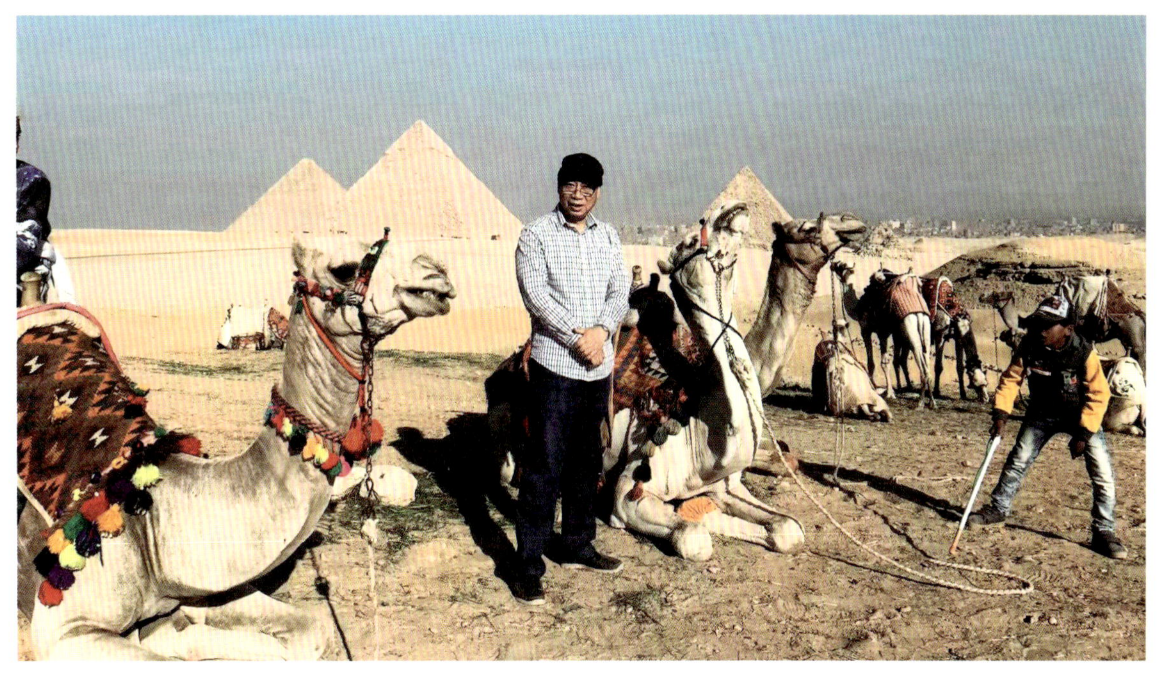

2017年，方楚雄在埃及金字塔前

加工、再创造，然后诗意地表达出来。

方老师的画充满了生命的美，所表现的万物生灵，充满了生命的律动。方老师很少画照片，一定要现场实景写生。虽然在外写生是非常艰苦的，但是他乐在其中。画速写和画照片是不一样的，把对象的生命表现出来，也把画家的生命融合进去。

（摘自研讨会发言）

传承了中国画传统的正脉

贾广健

方老师这个展览让我们感觉耳目一新，他对花鸟画研究、探索的脉络是非常清晰的，是传承了中国画传统的正脉，同时他传承了岭南画派的精粹，有一种非常强烈的生活气息在里面。

通过这个展览，我们对方老师有了更深入的了解，从他的花鸟画里面看到更多的是一种新的气象、一种浓厚的生活气息，也可以体会到岭南特有的地域性的文化、地域性的自然所留下的印记，他的作品在当代的花鸟画坛可以说是独树一帜。

（摘自画展媒体采访）

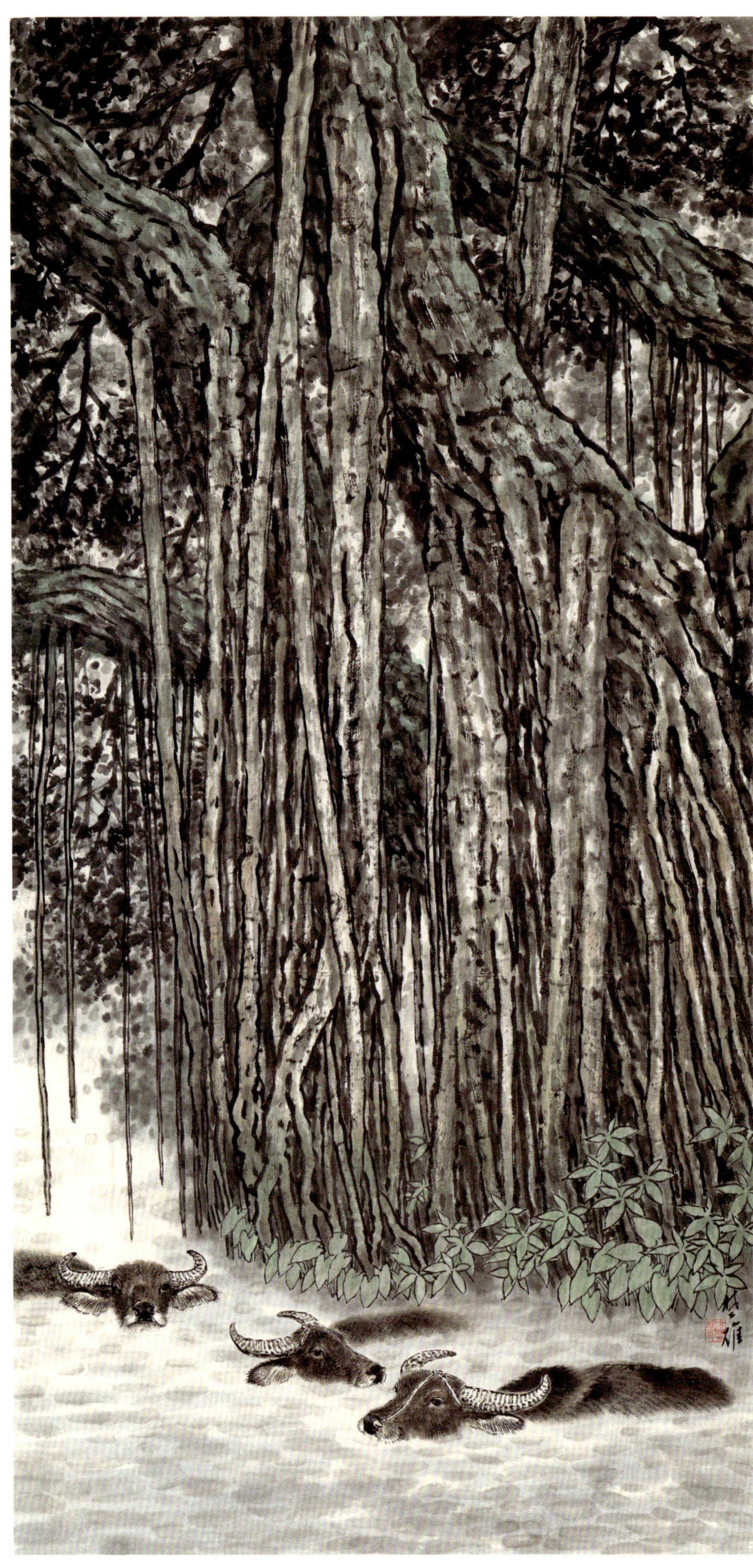

故园
2022 年　纸本
138cm × 69cm

神鹰
2015 年　纸本
180cm × 97cm

大尺幅满构图的标志性特点

张江舟

方先生是一个非常了不起的画家、非常优秀的艺术家。这个展览，一进展厅，就有一种扑面而来的艺术气息。这个展览我觉得他是做了非常精心的准备的，而且我认为它代表了方楚雄先生最高的艺术成就。这里边有一个特点大家都看到了，大尺幅的画作比较多，我认为这也是方老师的一个非常突出的个人特点。这种大尺幅构图的，甚至是全景式的这种花鸟画，似乎在文人画当中是不多见的，但是我们今天看到在方老师的大量作品中，它是一种满构图，是一种全景式的花鸟。我觉得这是方先生在研究前人文人画的基础上，有了非常个性化的一种探索，这已经成了他的标志性的非常突出的个人特点。当你进入展厅以后，扑面而来的是非常鲜活的生活气息，像一些小松鼠、老虎，包括其他的动物、各种闲花逸草，这些都在方老师的画中有大量的出现。我想这得益于他长期的深入生活，观察生活，从生活中的一种艰难寻找。所以说我认为他是在前人的花鸟画基础上又有了很大的一个突破，无论是题材内容还是形式语言都有了非常强烈的个人色彩。我认为方先生及其花鸟作为个例是非常具有学术价值，非常值得当代中国画界认真思考、认真讨论的。

（摘自画展媒体采访）

农家秋仔 2016年 纸本 180cm×49cm

壮阔场面　宏大精神

郭石夫

在我们中国美术史上有一个岭南画派，其麾下就是我们广东历史上的那些有成就的画家，他们在中国美术史上有着很重要的地位。方楚雄先生是继这些先生之后、改革开放以后成长起来的优秀画家，他继承了岭南画派的优点，同时他又吸收了多方的营养，他今天展出的这些作品，具有新岭南画派的面貌，跟过去的岭南画派还是有区别的。他的画场景非常大，都是很宏阔的，能体现他的思想、他的境界，他在艺术上的追求。他追求这样壮阔的场面、一种宏阔的精神，我觉得是给时代留下印记的，所以楚雄的这次展览不管对他个人也好、对美术界也好都是一件盛事，我希望这个展览能够带给大家更多的收获。

（摘自画展媒体采访）

开拓与提升

高卉民

多年来我一直关注着楚雄先生和他的创作，今天在中国美术馆看到方楚雄先生这么多的新作，我很有体会。我是最北方的黑龙江的画家，楚雄先生是最南方的广州画家，我们都是画花鸟的，我画大写意花鸟画，他画小写意花鸟画。天南地北，我们对于中国传统花鸟画的学习和理解，有着不同地域和不同文化的差异。但是我们有共同的艺术审美取向，都是画自然当中除传统以外很少人关注的一些题材，作为我们创作的一个领域。画家占领了表现的天地，那么这个天地就是他的领地了。有谁的领地，那么谁就觉得这应该是对传统的学习和认识的一个最佳机会。

他的画作有工笔，有写意，也有兼工带写。他的写意精神比较全面。这点是我关注和喜欢他的作品的一个重要方面。好多的动物对于楚雄先生来讲，他都能够画得比较精到传神，这是很不容易的。其实“真”和写实是有很大的区别的，真是高

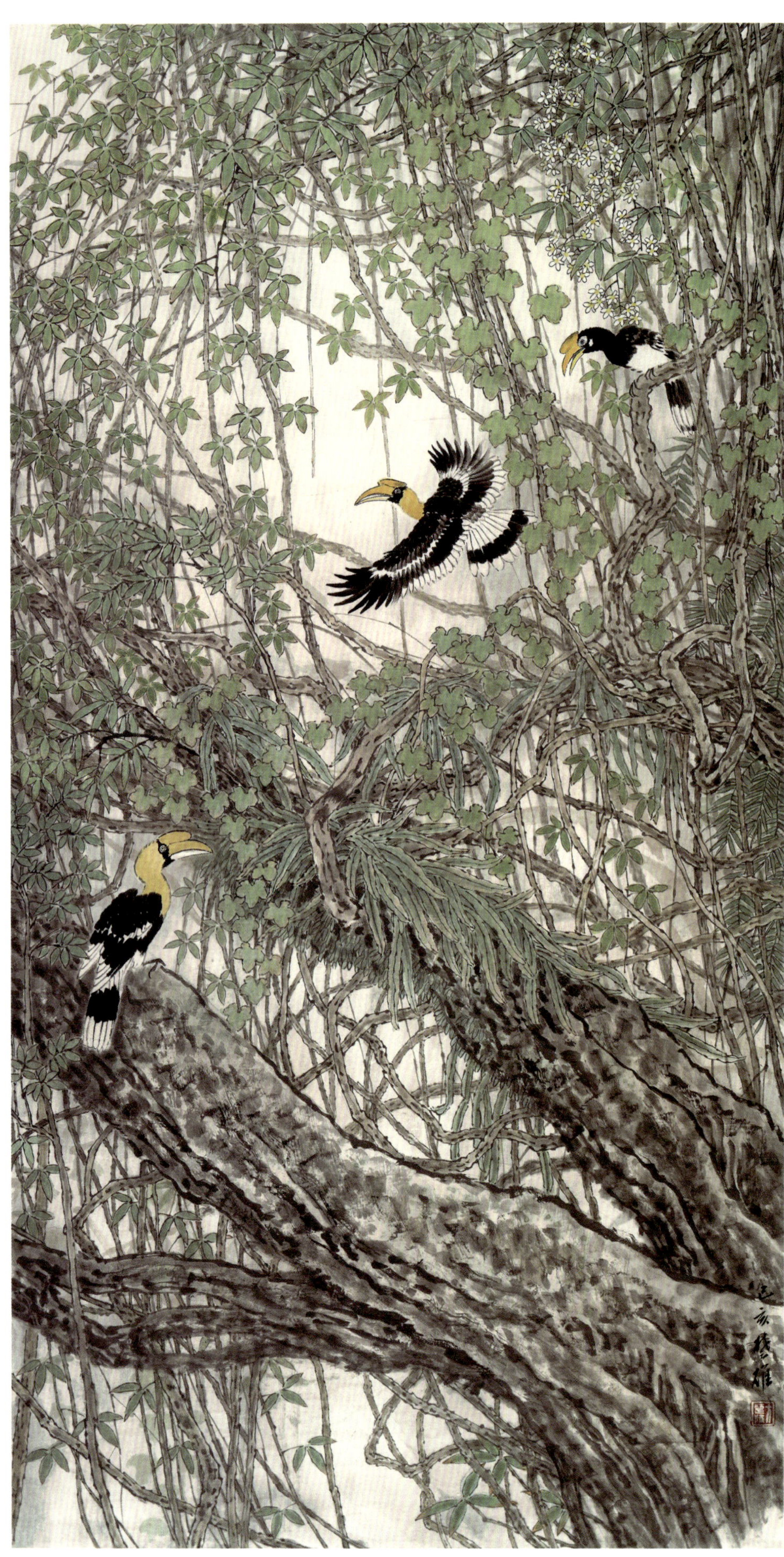

森林之光
2019 年　纸本
238cm × 124cm

于写实的，这是他的一个长处。他的画作的那种大气魄像北方人的精神气质，这是我们的共同点。他的作品中的松树“横空苍松”，表现了松树的精神和气质，这完全是人品和心境的统一。画作不管大小，它能感动人心，有一种震撼力，就是一张好画。你再细细读下去，每一个局部，每一个画面里边的小章法、小的布局都有着他独到的想法、独到的表现。我觉得方先生的画，很有个性，也很有气质，我相信他将来会更好。我们北方人也很喜欢他的画作风格。关于岭南画派，我们做学生的时候也学过，在中国画史上的影响力还是比较大的。

方楚雄是岭南画派当代的比较优秀的传承人，这是很值得研究的。无论是研究现代美术史，还是研究当代的美术史，岭南这一支画派有着很强的生命力，是很值得大家认真研究的。岭南画派在继承和发展创新等方面，都值得研究和学习。楚雄继承岭南画派的传统，并在这个基础做出创新，还吸收了当代的气质和精神，这是他区别于传统的岭南画派的重点所在。

他的这种大气和宏魄突破了岭南画派的传统，是有很大的开拓和进步的。他这种精神吸收了北方审美的气质，他的表现手段也非常丰富，在当今画坛上是不多见的，充分体现他在花鸟画界是一位非常优秀的花鸟画家。

（摘自画展媒体采访）

2019 年，方楚雄夫妇在巴厘岛写生

2019 年，方楚雄在云南大理永平县写生元梅

2023 年，方楚雄夫妇在加拿大尼亚加拉大瀑布写生

兼收并蓄　融合中西

王绍强

多年来，方楚雄老师从事创作和美术教学，兼收并蓄，融合中西不同的艺术观念和创作手法，在深入研究岭南画派写生精神的基础上，将写生创作尽情发挥。在20世纪80年代对景写生还不普及的时候，方楚雄老师大胆地带着学生到全国各地写生。在真实的自然环境中，用眼观察、用手描写、用心体会，对延传上千年的中国花鸟画程式和理念予以新的解读和尝试，大胆创新。方楚雄老师对自然和创作的理解、对生活意趣与人文精神的融合充分展现在他的笔墨之中。他寄情花鸟，充分将自己对自然的感悟和审美与新时代的笔墨语言相结合，共同营造出独属于他的水墨样式和艺术风格。

（摘自研讨会发言）

扩大内涵　提升主题

郑　工

方楚雄先生进广州美院已经将近半个世纪了，一直潜心于绘画，专注在特定领域。方楚雄先生博采众家，对传统有很深入的研究，特别是宋画，其实他已将宋元明清的绘画一路贯通下来，尤其是对宋画的气势，元画的清淡散逸以及明代院体画的格局，这三者结合得很好，熔为一炉成就了自己的风格。广东地区的绘画就是在明代的院体画中得以呈现，尤其是在花鸟画方面出了几位大家。

花鸟画是广东画坛的一大宗，简单谈谈三个方面的联系：

第一，与岭南画派的联系。方楚雄与岭南画派的联系是他首先是始终保持写生状态。他的写生作品非常多，而写生状态是非常重要的。岭南画派第一代“二高一陈”，第二代像关山月、黎雄才，与就任于广州美院的方楚雄学术渊源非常深。方楚雄是广州美院出来的，应该是第三代了，像方楚雄先生还有陈金章先生等，他们与前辈

1995年，在岭南画派纪念馆画陶瓷。右起：关怡、关山月、方楚雄、陈金章

2013年，左起陈鹏、冯大中、龙瑞、方楚雄在南京

2008年，与张立辰先生在海南岛

直系相比，变化是必然的。但这个联系是不会中断的，第一关系还在，尤其是写生的传统。其次在画法上中西融合。这在第一代、第二代画家的作品中有明确体现，到他们这一代画家的作品中有同样的体现，中西融合扩大了跨文化的视野，具有世界性。最后是现实关怀。

第二，与当代画坛的联系。方楚雄先生与当代画坛的联系，有三个特征：一是视觉化，纸面形式构成。他的画作《一树梅花天地新》的构图结构性很强，还有作品《神鹰》枝干的处理具有较强的视觉张力。视觉化不一定就要画大画，比如他的小画画得很漂亮，画得很自如，笔墨很从容。他画大画的时候并不是有意地把一个小画放大。他注重的是画面的视觉张力。二是叙事性。当代绘画跟现代主义的不同是现代艺术比较强调形式构成，而当代艺术比较强调叙事性。叙事性跟传统有密切的联系，也不是说截然切断的。方楚雄先生很善于通过画面讲故事，会吸引你的眼光在他的画前停下来，看看他在表达什么。他笔下的小生灵相互之间的神态变化在画面中都有呼应，从而增加画面的内涵。当然，叙事性可以通过不同的方式来表达，他用自己特有的方式来展开，他的叙事是图像叙事。三是跨语境的表达。方楚雄先生善于通过不同事物的语境组合，扩大内涵提升主题。比如说生与死的主题，寄生与原生的关系，《鼎湖山所见》中有一个很大的树干，树木本身是原生状态，但在树干上攀附的寄生植物使画面意境一下子打开了。还有《林区所见》中的小盆景上面长出一个幼芽，而旁边的枯木

逗趣
2020 年　纸本
138cm × 69cm

峨眉山猴 2020 年 纸本 68cm × 139cm

是死的，引出另一个意境内涵。再如今天的主题“天地生灵”。

第三，与自我精神世界的联系。方楚雄与自我精神世界的联系。首先是博爱之心，其次是中庸之道，再次是忘我之境。我就说这三点。

（摘自研讨会发言）

世界关怀　时代气息

于　洋

在方楚雄先生的大花鸟画题材的创作中我们可以看到，他很重要的一个贡献是拓宽了花鸟画的表达领域。今天学院里的教学，可能偏重于对植物的描绘，而对动物形象的描绘成为一个短板，而方楚雄先生的画整体上对于动植物有广泛的表达，并且赋予了这样一个概念，我觉得也是拓宽了花鸟画的表达领域。刚才各位先生都谈主题，我有点不揣冒昧，因为我是 2018 年 7 月份的时候受许晓生兄的邀请，为方楚雄先生山东美术馆的展览做策展，当时我的文章的标题叫“生灵翘楚，积健为雄——方楚雄先生笔下的自然境界及其艺术内蕴”。我不知道是不是我第一次把“生灵”这个词引入对方楚雄先生的评价中。

“生灵”这个词以往花鸟画家不太用，我原本想用“万物”这个词，但是“万物翘楚”又感觉很大，“生灵”是不是更加的诗意？而且“生灵”这个词有很丰富的内涵，包括这个题目也是想把方楚雄先生的名字嵌在里面，翘楚和积健为“雄”。因为“翘楚”这个词，“翘”是翘起、抬起，“楚”是灌木，当然也比喻人中之杰。方楚雄先生的笔下对于世界万物生灵的表现实际上也充实了传统，而生灵是对世间万物的总称，一草一木、翎毛走兽都是生命的表征或整体。佛教思想中万物都是与人类平等的有佛性的生灵，因为人是万物之灵长，用“生灵”这个词来描绘方楚雄先生的题材是很准确的。

我觉得在方楚雄先生的笔下实际上承接了岭南早期的“二居”“二高”的脉系。我对近年来博物学的自然观照，以及王鲁湘先生提出的大清新很有感触，因为在方楚雄先生的笔下用生灵来表现朝气，同时用很宏阔的笔触来表达，这是别人不具备的特点。所以在大景花鸟画或是全景花鸟画中，始终有一种世界关怀、现代气息。他既写真，取象视角又很宏阔，题材有热带动物植物又有南国的龙虾青蟹，这些题材都不是主流的，但是在方楚雄先生的笔下就被赋予了世界关怀。他 2018 年的新作《瑞兽》表现的是番禺香江野生动物世界中的白虎一家，2008 年的《冻雨》表现的是在霜雪之下蜷缩取暖的猴子一家。在他的笔下，人的家庭伦理、社会伦理、社会关怀被赋予到这些动物身上，这也是其作品最感人、最吸引人的点。

最后做一个小总结，广东的林墉先生曾经用“平常心”三个字来评价方楚雄先生，我觉得这是对于一个画家最高的评价，无论他取得多高的成就，他都用一颗“平常心”来表达和看待世界，这个平常心是把万物生灵作为平常的事物来看，这就是方楚雄先生的艺术，是他面向世界、面向生灵的一个普遍的观照之下的艺术表达。

（摘自研讨会发言）

冻雨
2008 年　纸本
137cm × 69cm

绵厚优长

张　鹏

方先生的艺术精神是非常让人钦佩的，他的艺术绵厚优长是值得学习和研究的。这主要体现在两方面：一方面是他数十年来创作不辍，另一方面他的作品可以说是张张精彩，从小幅到大幅，画出了中国花鸟画的一种气魄。我想简单谈三点。

第一，方先生对花鸟画移生动质的理解和把握。第二，心物感应，全境的节奏。第三，时代精神和文化心灵的一脉相承。

中国花鸟画有自己特殊的宇宙观。目前学界有一种叫博物学的研究，特别喜欢用素画来作为一个例证，其实中国的花鸟画和西方的静画不同，它是体合为一的，它有自己由来已久的传统。我们看方老师的作品，一是他不取巧，题材不取巧，作品中很少画折枝，都是铺天盖地的繁枝密叶、千花万蕊。从热带高大的植物到灌木到草丛等，层层叠叠，每一寸空间几乎都可以被他的慧眼捕捉到。再就是表现方式不取巧，这么繁复的一个画面题材，非常和谐地进行了结合。他的绘画形式是以工笔画为主角，但同时又兼工带写。从某种程度上来说，他可能更侧重于体察物象的精微，就是通过状物抒情，同时加强笔墨的表现力，来呈现他的境界、胸怀，他追

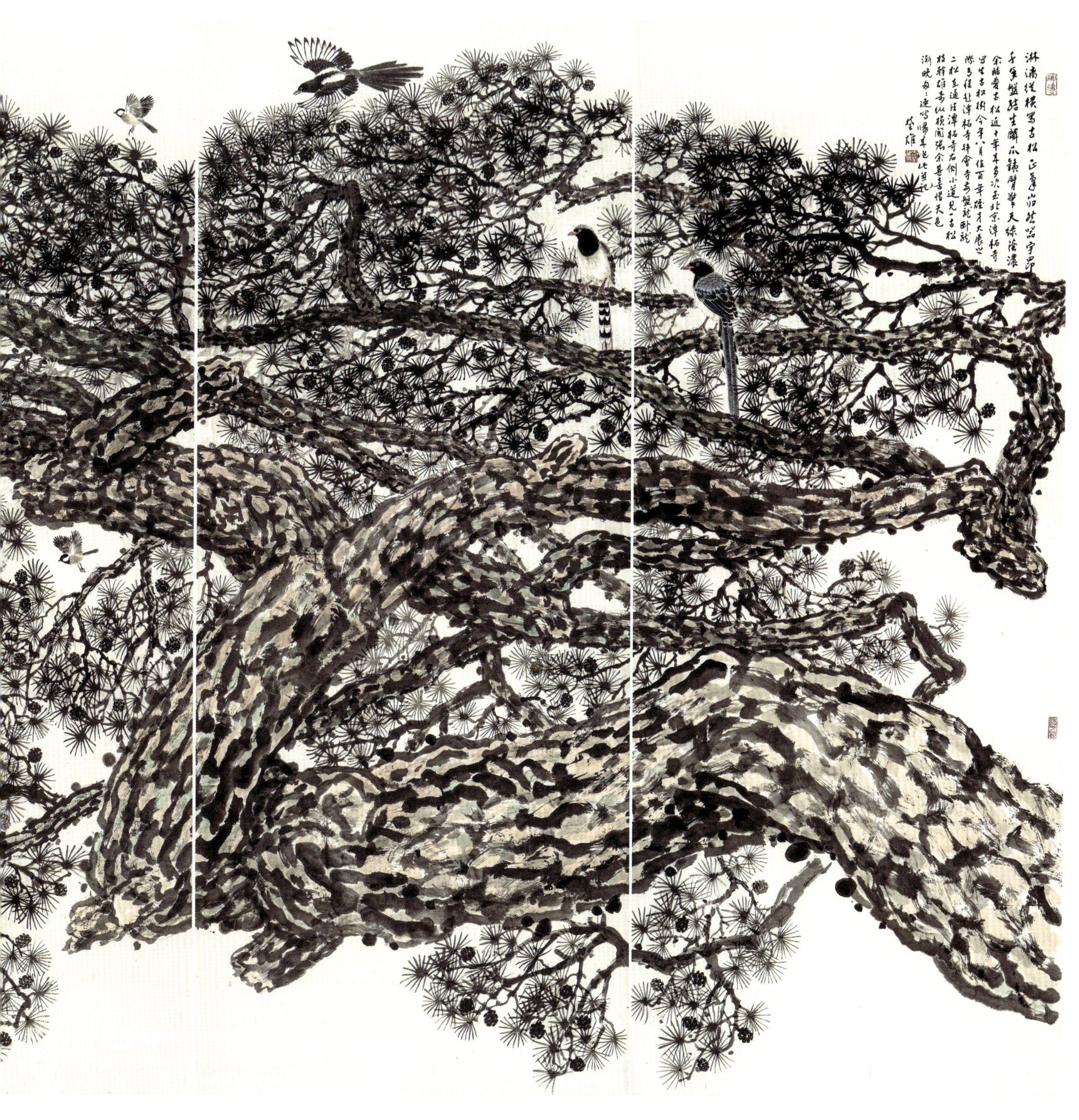

横空古松
2012 年　纸本
248cm × 103cm × 4

教子 2017 年 纸本 69cm × 69cm

求的是从构图到笔墨，加上高质量的精微程式，所以他的作品非常大气、非常高远，能够把握住“外师造化”和“中得心源”就是自然而然的事情了。

看方先生的作品，动物植物都是非常亲和的，非常温馨、温情、和谐的，这可能是应和了中国传统美学中的心物感应，感知于物，形成于心。因为对中国人来说，我们的人生本身和自然就是合一的。所以方老师这种大尺幅的作品，是气韵生动的。他可以纳万物于笔下，他就是这样用数十年来慢慢形成的艺术方式，去阐发、去感悟中国的艺术哲学。

方老师的作品还有一个前瞻性。现在学界特别喜欢谈生态问题，但他不局限在一事一物的表现上，是用作品、用画面去构造一个相对完整、相对和谐的生态，是用一个非常宽阔的视角来呈现。方老师不取巧，从另一个角度来说是大巧若拙，或者说是绚烂至极归于平淡的一种境界。展览的题目叫“天地生灵”，我觉得它是一种时代精神，更是一种文化心灵。方老师数十年不取巧的创作，积累了他的艺术表达、绘画整体的态势。他对自然的认识和理解，其实是找到了中国花鸟画很独特，也非常伟大的一种精神，或者说他就是用这样一种艺术方式去参与了一种文化心灵的建设。他的作品其实是表达了我们中国知识分子的一种向往，以及天行健君子以自强不息的一种精神。

（摘自研讨会发言）

金秋 1999 年 纸本 138cm × 68cm

艳山姜
2018 年　纸本
248cm × 124cm

对现代题材开拓性的尝试

丁 宁

今天看到方老师的创作，我觉得可以说以下几点。

第一，他是有根基的，具有非常扎实的对传统的领悟与吸纳能力，甚至我觉得他的创作具备了好的绘画应该具备的境界，即风骨。因为风骨兼具两个方面，不但有非常结实的能够站得住脚的东西，还有一种风。所谓的“风”是抒情意韵，能够在画中寻到，还可以散发到画外中的意韵。这是我在这个画展里的一个非常深刻的感受。

第二，我更感兴趣的是他对现代的开拓性的东西的尝试。这个尝试除了刚才各位讲到的题材的开拓，他驾驭题材的灵活自如的程度达到了惊人的水准。他涉足很多在传统花鸟画里没有的风物，这是非常明显的长处。但是我在画展当中找了几件作品细看，我发现方老师有他自己独到的地方。比如说我注意到他作品的题目里常常用清晨的“晨”字，我就想这个“晨”字跟画展的“天地生灵”是一个很好的呼应，因为清晨是一天的开始，也是会让人觉得朝气蓬勃的一个时刻。他带着这个时间的框架去观察事物，又是一种特别的收获。比如说他画清晨竹子的竹根，给人的感觉是竹根本身所具有的非常强劲的生命力。我相信去看过竹子的人一定会感慨竹子生长速度的勃发快捷，一场雨之后它会长得很快，这对我们来说是眼睛看得到的一种生命的迹象。他的作品中还有一个画面场景是把竹子旁边的笋采掉以后，留下来的笋的根，这个根其实依然有生命力，画的标题叫《岁月》，折射出他对生命的一种感悟，这种感悟上面有非常独到的细腻的发现，更有感染的力量。这样观察是很多艺术家所没有的。包括他对故乡的表现，故乡常常会有一个院落，会有一口水井，但是他用了一个俯视的角度，也是非常创新的。由此，可以看到方老师的创作里面随处可见探索的“心迹”，他有自己的想法，他不是平庸地去描摹，去画大师作品的一个翻版，亦步亦趋，而是去多方吸收营养，在吸收当中又有自己的一种发挥。这个发挥来自他长期的对于生命、对于周遭风物的，尤其是南国风情的一种非常独到的感悟。所以我看他的画，不仅仅是看花鸟，也是对生命深深的感悟。

这是我看这个展览感触最深的地方，同时还有一点就是丰富性。有些个展看一两张画后，后面的画就大同小异，可以不看，可是方老师的画的确可以细看，细看当中会让我们有大的感动。

说一点不足的地方，方老师柔情万丈，会把老虎画得情意绵绵，我觉得是一绝。相对来说表现动态和力量的对象少，比如画飞鸟，动态当中有力量的、特别有气势的东西似乎还不太多。不过也不要紧，画家正处于更上一层楼的年龄，我们理当有更多的期待。

（摘自研讨会发言）

中国美术史上风格演变方式的一个突破

徐　虹

前面先生讲的我都赞成，我跟他们有一样的感受，就不再多讲。我想从美术史上下文的关系和方楚雄先生对美术史的贡献的特点上来谈一下我的看法。

第一，我觉得他的绘画让我感受最深的是他的肌理和质感的表现。当然肌理和质感的表现在现代艺术中很多，但是用工笔和小写意来表达肌理和质感是不多见的。方老师的作品中确确实实用肌理和质感的办法创造了一种空间关系，完全是用层层的块面、层层的笔触来形成质感的空间关系，这让我们感觉到这种空间是非常结实的，它不是虚幻的。这种结实感是由物质之间的质感拉开的，这种空间关系架起了他的绘画的结构。所以他的绘画结构非常结实，让人感觉到他的绘画很有现实感，为什么现实？就是跟他所呈现给我们的心理感觉有关。这种结构显示平面和装饰的结构，但是让我们感受到了一种现实的结构。这就使我们想到希腊神庙门楣上的浮雕，它属于装饰性的手法，但它同样是人类早期对艺术感知、对现实的生动的感觉表达手段。所以从视觉上来说，形成了一种张力关系。在此基础上，它具有现实的触觉，它的现实感是由它的空间和结构造成的，空间结构是由它的肌理关系拉开的。所以我觉得这是他对中国美术史的贡献。

第二，他的壮阔与清雅的结合。前面说了很多，说他画不多见的狮子、老虎、狼。但是我这里要强调的一点是他画非洲草原上或者在南美丛林里面的大型动物。本来这是一个非常严酷的环境，生存压力非常大，但是方楚雄先生在这里用了一种中国

卫士
2009 年 纸本
220cm × 124cm

觅食图 2017 年 纸本 67cm × 67cm

乡间群兔 2018 年 纸本 69cm × 69cm

闻香 2017 年 纸本 69cm × 69cm

文人超然的心态和意境来画这些东西。他虽然是画了狮子和老虎，形象非常的写实，但是画面在空间里，还加了枯枝，加了有生命的叶子。所以在这样的关系中，他并不是让我们看到像电视里发现类的场景，而是让我们看到中国艺术对自然的一种关心、对自然万物的一种悲悯。他加入了这样一种水墨和有枯枝的象征意味，使这样一种严酷的现实和人文的关心之间有了一种融合，表现出我们用人的眼光在关心自然，用一种悲悯的情怀在看自然，我们对动物不完全是功利性的，而是有感情的。

第三，装饰与写实的关系，这一点我想讲得稍微细一点。因为在我们的工笔画中，装饰性的手法用得很多，用线条、用圆点，用各种笔触强调了装饰性，它是平面的，让我们感觉到了一种愉悦、一种审美。但是方老师艺术的一个最大的特点是这种装饰性必须以现实的触觉为主导，他的装饰和现实性之间结合得非常完美，结合点也非常敏感，过一点点就太写实了，过一点点也就太装饰，这两者之间怎样切合，怎样使我们感觉到这种装饰不过于平面，不过于没有生命力，而这种写实又不过于粗糙、粗犷，缺少形式的处理。我看到最突出的一点是方楚雄先生把他经过装饰处理过的写实，或者说写实中加了装饰的处理，但是又不掩饰写实的触感，把它凸显在画面最主要的部分。他的动物，或者他的树和花，或者是果实，在观者看来是最主要、最凸显、最能抓住眼睛的，是他经过处理的现实。这在中国绘画中是比较少的，而在西方的油画中是比较多的，如最后画面的处理很厚的笔触或者是很飘洒的用色，会凸显在最亮最吸引你眼球的地方。方先生把他最关注的东西，对他生命最有感觉的那些东西，凸显在观众的眼前。在他画中块面线条铺垫中，他的生动性和敏感性根本就没减少，非常丰富，这就是原始艺术中运用的手段，那种万物通灵的情感是一脉相承的。我觉得方老师走的这条路，非常重要的一条路，是在中国美术史上风格演变方式的一个突破点，在中国美术绘画史上不太注意的。所以我觉得方老师的艺术对我们还是有启发作用的。从这点来说，中国绘画历程走得看上去是很辛苦，但是我觉得并不是完全被动的，或者是完全惶然无措的。一是中国传统中的万物有灵的古朴的人与自然的关系一直以来保留着，我们的现代性、工业性、科学性没有进行得那么彻底，所以在艺术上这点还保存着。二是现代人对自然的关怀和悲悯，我们对自然毕竟是不一样的，我们毕竟是摆脱了原始人看事物的眼光，有了第三方哲学和宗教介入，所以我们有了悲悯的人文关怀，包括对地球和火星的终极，我们还有现代人的悲悯，又有传统的人文精神超然的个性的抒发。结合我们对形式语言的探索，希望能找到把我们的精神境界发展出来的形式语言，我想中国艺术在继续保持发展的状态下，也会有凸显在世人面前的个性和特点。

（摘自研讨会发言）

花鸟画创作的新路

陈池瑜

我从以下三个方面谈谈。

第一，方楚雄先生的水墨画是把写实的、工笔的一种方法和水墨写意的方法结合起来，形成了他的花鸟画的一个非常突出的特点。大家刚才说方楚雄比较多的是继承了岭南画派的传统，说得很对，但只是其中一个方面。另外，在 20 世纪初期岭南画派开始不叫岭南画派而叫折中派、新国画。二三十年代除了折中派、新国画还有反对他们的一派，叫癸亥合作社，1925 年在此基础上成立了国画研究会。传统文人画里表意的精神是与西方现代主义的象征派表现主义的新倾向艺术精神相一致。其实都是应该重视的，因此方楚雄是在这两派的基础上既强调中西

孺子牛 2017 年 纸本 69cm × 69cm

结合，包括日本画，因为岭南画派很大一部分是借鉴日本画的画法，另一方面方楚雄先生又主张传统的笔墨，传统的水墨精神，所以是把这两方面结合起来。当然他的画的形式有工笔画的传统，有写实的传统。我在圆厅里看到他画的土耳其人物写生写实的图像，功底也是很好的，他有工笔画包括有白描也有西方的写实的明暗的这些技法，所以他画的花鸟画虽然是写意，但是有功夫的，和现在的简单潦草的画风是不一样的，他的创作态度是非常认真和严谨的。

另外，他的作品一些大背景是用水墨画的，采用兼工带写的笔法，如画中的孔雀、

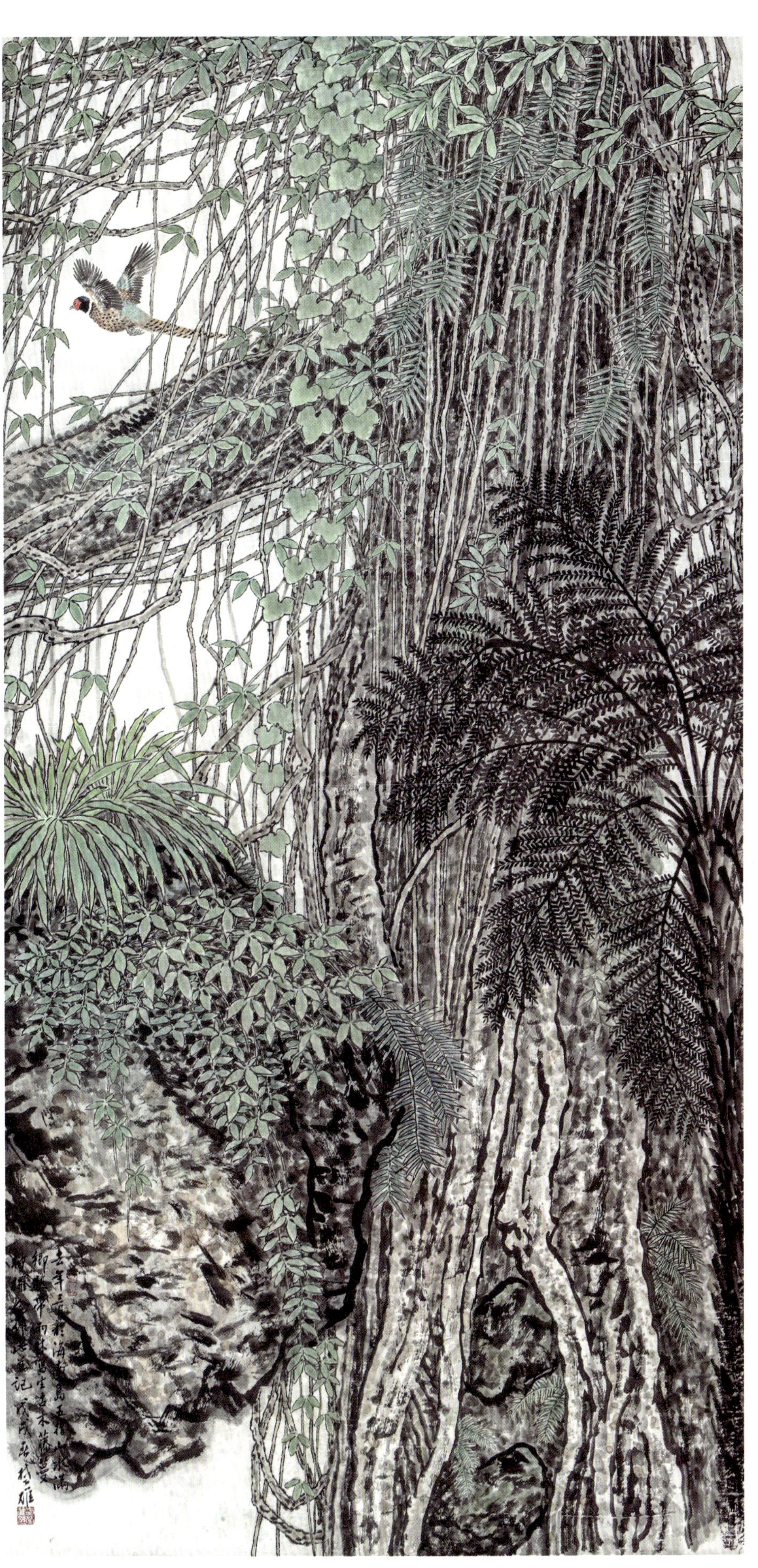

雨林晨曲
2018 年　纸本
246cm × 125cm

荷塘深处
2011年　纸本
138cm × 68cm

猴子、喜鹊等采用工细手法，画树木等背景是用写意来画的，这两方面结合得比较好。我们通常说的工笔花鸟、写意花鸟，分成两大派，现在方楚雄就把这两个方面结合起来，形成了自己创作的风貌，我觉得这是他的特点，一方面避免了大写意，逸笔草草，没有多少的功力，另外也避免拘谨，将工笔和写意结合，走出花鸟画创作的一条新路。

第二，他的作品是表现的“天地生灵”，这个主题是很重要的。天地是自然，天地有大美，山水画表现天地宇宙、大山大水，都比较好运用，但花鸟画也要表现天地，也要表现自然、表现生命，他通过把大自然和鸟兽结合起来表现天地自然之美，这是他的一个特点。另外，天地生灵，生灵是要表现万物的生命，如孔雀、猴子、狮子等，他都结合得非常好，他的主题充分表达了人与大自然的友谊之情，生命要和自然和谐，这也是他的一个特点。

另外他表现的动物还是非常生动传神的，描绘的天地之灵，生命之象，是对自然生命的一种礼赞。他热爱生命、感受生命、表现生命、追问生命，充分展现人与自然和谐统一的哲学情愫。

第三，他的画面很大，装饰性、平面感很强。作品近距离来看自成一派，画幅比较饱满，如红梅等色彩突出、视觉冲击力比较强，有较强的装饰性，所以会形成画面单纯、形象鲜明、平面性强、装饰味浓的特点，具有现代形式感的审美特征。另外他的书法题款很好，当代画家有较好的书法功底的不多，他的书法写得好也是加分项。

（摘自研讨会发言）

教学优长　手法多变

邵晓峰

我主要从两个方面来谈，第一，生灵活现，领域拓宽；第二，教学优长，手法多变。

方老师的艺术形式我们很熟悉，因为在中国美术馆的很多大展当中都有呈现，在2018年我执行策划的“花开盛世”大展当中也有他的作品，在今年牛年的“美在耕耘”大展当中，方老师应吴馆长的邀请，画的几头牛和牛背鹭的那张大画也在我们的圆厅展出，今天还要捐赠一幅作品，所以他跟中国美术馆的关系非常紧密。

第一，生灵活现，领域拓宽。他相较于以往的岭南画派画家来说，其实领域和眼界已经远远超越岭南了，应该说拓展到了整个世界。在他的绘画对象当中，有很多没有被纳入传统题材的内容。比如说非洲大草原的动物群、动物园中老虎、霜雪下的猴子和乡间的老井等多种题材。这些应该说是具备了一些新的时代的画家的眼光，用我们今天更敏锐的视角、更先进的技术去呈现。在这一方面，这批作品集，包括中国美术馆 1、8、9 展厅展出的作品足以能够呈现。

第二，教学优长，手法多变。实际上他的很多技法的拓展是和教学密不可分的。展厅的圆厅的后圆弧做了他的一个非常集中的教学成果展示。包括草稿、摄影照片，相关的工作照片、草图、步骤图、教学信息等，也足以呈现方老师工作团队对于这一方面突出性的表达。也就是因为他是一个在教育上有突出成就的美术家，所以他的手法就不再局限于传统的岭南画派的方法。在他的作品中，无论是大画还是小画，我们可以看到基本上花鸟画的大多数手段他都进行过尝试，从极其精工细作的细腻的作品到非常奔放的大气的作品，这是一个教学老师典型的呈现。所以说综合了这一系列的表现，在他的作品当中就非常自然地呈现了很多特色。比如说我们可以归纳一下，亲切性、感人性、细腻性、奔放性、生动性，包括时代性。这是一个鲜活地活在当下的艺术家的视角，才能呈现出这么多活生生的生灵。所以无论是天地生灵，还是生灵活现，都足以把我们的花鸟画拓展到一个新境地。

（摘自研讨会发言）

高雅质朴清新的画风

林　蓝

方楚雄老师在中国美术馆举办这次大展，真的是大喜事。因为今年方老师正是 70 岁，在 70 岁的年龄，在这么高这么好的平台为自己做一个全面的总结，特别有意义。通过琳琅满目的 100 多幅作品，我们看到了方老师创作的全貌，其中给我印

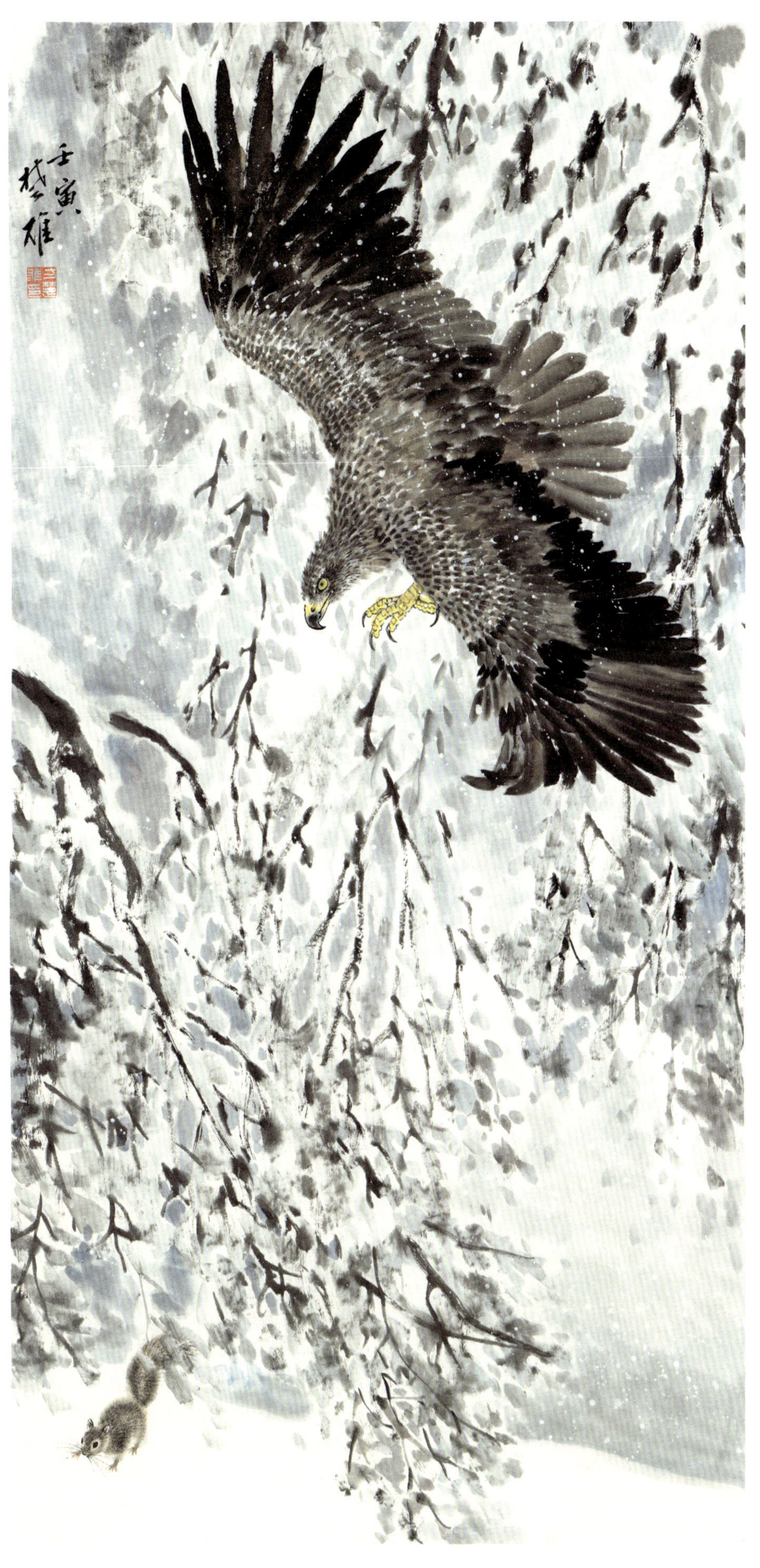

鹰猎图
2022 年　纸本
138cm × 69cm

国宝
2008 年　纸本
138cm × 69cm

象最深的就是方老师的写生。它有别于黄河流域盛行的写实画风，也有别于江南强调文人逸事的写意画风。方楚雄老师的作品里面所体现的是我们岭南画派特有的写生画风，写生它不是写实，也不是写意，它是写生活中活生生的事物。他通过写生汲取灵感，然后又呈现在作品中。无论是中西，无论是古今，只要为我所用就好。这也体现了我们岭南精神里面那种开放包容的特点。所以说通过方老师的写生，我们看到了一种南方美感。他的作品中，无论是亚热带的植物，还是小鸟、飞禽、走兽等，都体现出一股生气勃勃的生命气息。所以说，写生还真的是我们岭南中国画很大的特点。

我是方老师的学生，在大学二年级方老师就给我们上花鸟画课，从方老师的课里面，我学会最大的一点就是不光要重视画面主体形的构成，同时要注意主体形跟画面四周的关系，就是外形的关系。这一点我是受益终身。熟悉方老师的学生都知道，方老师是手把手地教我们，教给我们的是最实在的、实实在在能够用到画之中的东西。从理论到实践去生发地理论感悟，所以我说方老师是我们很好的老师，不光是这样，方老师还不断地带领学生致力于慈善事业。其中最有名的是我们的方林奖学金。方林奖学金是方老师，持续近10年去支持广州美术学院的学生，设立的广州美术学院学生的毕业论文奖。一个艺术家如果有非常强烈的艺术特点，不断去创作很多大作，它就能够积淀成为一个大家，大家的产生是由很多的大作去积淀而成的。同时，德艺双馨也是一个大家所必备的品格，在这点上方老师是我们最好的榜样。

（摘自画展媒体采访）

对生命和自然的挚爱

朱万章

方老师是我们非常熟悉的花鸟画家，我重点想谈三个方面。

一是方老师对自然生命之爱。方老师所画的花鸟，无论是猛兽还是家禽甚至海鲜，都画出了宠物的感觉，可以看得出来他对生命、对自然的一种挚爱或者是一种关怀，这是非常难得的。

另外，中国传统花鸟画题材都有祥瑞寓意，而且他把这种祥瑞的题材发挥到了极致，还赋予了它新的时代意境，比如说柿子（事事如意）、马上猴（马上封侯）、荔枝（大吉大利）、十二生肖等，达到雅俗共赏的效果，他的受众群体非常广泛。

二是，刚才有很多的理论家谈到了关于花鸟画的传统，这点我甚至觉得范围稍微窄了一点。他更多的是受到了岭南绘画的传统影响，主要来自三个画家，一个是林良的宫廷绘画的影响，一个是“二居”的居廉没骨花卉的影响，还有高剑父的折中中西的影响。回过头来看岭南地区的花鸟画，但凡是工笔画都有直接或者是间接受方老师的影响，这种教学的成果影响力非常之大。有所不同的是，居廉更多的是一种世俗式的教育、家族式的教育，而方老师是把世俗式的教育和西式的课堂教育融合起来。

三是方老师不局限在岭南地区，他已经走出了岭南，在全国画坛留下了浓墨重彩的一笔。

我们传统的花鸟画一般都是画一个局部，他的画构图不仅有折枝花卉，还有山水画的构图，高远甚至有平远的构图，这是花鸟画方面一个很大的突破。

（摘自研讨会发言）

研讨会总结

尚　辉

非常感谢朱万章先生，他在发言中也把我们大家今天上午的讨论做了一些补充和总结。因为我们今天上午主要探讨的是方楚雄先生作品的艺术特征，其中涉及两个重要的内容，第一是如何看当代花鸟画的发展，或者说方楚雄先生的作品里面有多少我们可以认同的一种方楚雄式的当代性。第二，他和岭南画派之间的一种关系，刚才朱万章说我们最好说是岭南绘画之间的一种关系，这种扩大非常好，当然我个人刚才已经强调了，我们今天应该从中国的角度来看方楚雄的作品，不要仅仅把他归为岭南绘画第一代、第二代、第三代这样一个狭义的概念里，我们应该更多地看到方楚雄在花鸟画教育，在今天中西已经融合了 100 年以后，我们能够发展出多少属于我们自己的艺术的一些特征。

前不久我们在绍兴开过一个关于徐渭的研讨会，我们在徐渭诞辰 200 周年之际

大地清晖
2020 年　纸本
169cm × 96cm

朝阳
2016 年　纸本
180cm × 95cm

来审视中国花鸟画的发展，像徐渭、八大山人，也包括像吴昌硕，他们当然是文人花鸟画的代表，中国绘画史因为有了他们才有了一些丰富性和璀璨的一笔，这种璀璨和艺术的个性是有关系的，而这种艺术个性又是和他们每个人的际遇相关的。当用这个标准来审视20世纪花鸟画的时候，少了很多有个性的东西，我们更多的是通过中西融合，通过表现融合来体现这个时代的特点。这样来看方楚雄先生的作品的时候，至少我觉得我们在有关绘画演变的历史上和艺术语言上可能要增加一些新的内容。比如说，我们都认同方楚雄先生的作品对于题材的扩大，他除了表现植物，来自非洲原野上的长颈鹿、角马和斑马，这样的一些生态也是他表现的内容。我们想追问的就是他表现的是动物还是植物？如果说是以植物为主，那么这些动物或者是禽鸟只是配角，也可以反过来，如果画的主要是禽鸟和动物，植物可能就是配角。当然还有第三种可能就是我们认为他画的都不是这两者而是他自己对自然的一种认识。刚才有很多的学者认为，比如说他的作品里的老虎画得像孩子一样可爱，很显然是用人的视角来观照这种对象。但不管怎么样，我们还觉得画狮子老虎总要有一些兽性和自然的野性的东西，这个地方有关当代花鸟画的发展和当代花鸟画很多的认识，我们可以从方楚雄的作品里做一个起点，或者作为一个21世纪当代中国花鸟画的一个新的起点来认识花鸟画的变化。从艺术的语言和技术的角度上来讲，方楚雄先生的确是有过人之处，这种过人之处就是他能画所有的对象，而且都能有效地转化为笔墨，并且笔墨和色彩有机地融合在一起，有很多学者谈到他的画面的装饰性和写实性也能很好地融合在一起。这时候我们可以看到他可以无限地扩大他的题材，也可以把题材和笔墨进行有机的结合。

最后我们想追问的是“天地生灵”，我们不是表现纯粹的天和地，也不是纯粹地表现自然，更多的还是表现生灵，表现生命之中人在这个社会中的一种存在感，如果从这个角度上来讲，我们有关方楚雄花鸟画的艺术的探讨以及他花鸟画艺术的成就和我们今天有关的对花鸟画的认识可能有一些新的链接、新的构架。

（摘自研讨会发言）

予獨愛蓮之出淤泥而不染濯清漣而不妖
中通外直不蔓不枝香遠益清亭亭淨植可
遠觀而不可褻玩焉 節錄周敦頤愛蓮說
丙申盛夏楚雄作於八分園
世間花葉不相倫花入金盆葉作塵惟有綠荷紅菡萏卷舒開合任天真此花
此葉長相映翠減紅衰愁殺人唐李商隱贈荷花丙申楚雄又題

金盆碧荷
2016 年　纸本
180cm × 97cm

人民美术家·方楚雄卷

艺术心语 »

艺事漫谈

文／方楚雄

一、生活

◇ 庄子说："天地有大美而不言。"大自然中无处不存在美。

◇ 生活是艺术创作的源泉。这似乎是老生常谈，眼下甚至被认为已不合时宜。但我又常想，变幻无穷、丰富多彩的大千世界，可以激发艺术家创作的灵感，让艺术家积累更多的阅历和知识。

◇ 社会生活是一本书、一个大课堂。在这本书、这个大课堂里，艺术家可以不断学习，充实自己、修炼自己、升华自己。

◇ 艺术家与一般人不同之处，在于能否从平凡的大自然中发现、挖掘创作的题材，并有自己独特的感受。前人画过的题材要画出新意，前人没画过的题材要表现出画意。

◇ 具体、典型是美。所以我对客观形象尽量观察细微，寻找生命的节奏、态势、形式之美感。写生时尽可能细致、具体。有时因时间关系，只能草草几笔，勾画出大的构图和韵律，但仍尽可能补充局部具体的结构。

◇ 只有深入生活写生，才能消除花鸟画那种陈陈相因和落入俗套的弊端。因为面对丰富的大自然总是带着新鲜的感受，带着生活的生动性和造型的不可重复性，从而容易产生构图、技法及意境上的突破。

◇ 只有速写，才能体会这些复杂的野生植物的天然结构。譬如一堆藤，在相

2012 年，方楚雄夫妇回家乡办画展，与普宁英歌队合影

机底下，可能是模糊一片，只有用写生，才能使每一个细部都有由来和去处可寻。

◇ 艺术家的灵感总是有限的，生活能给你提供创作的灵感和素材，多到生活中去感受。

◇ 作品《岁月》表现的视角新颖，把裸露在外的竹头和根部画出来，从繁复真实的细节感觉生命的萌动。它既体现大自然顽强的生命力，又有岁月沧桑的感觉。这一堆竹头体现了很多无法言说却又可以意会的东西，坐在家里是想象不出来的，大自然有丰富的营养和内容让你去发现。所以“生活是艺术创作的源泉”。

◇ 写生是绘画的基础。写生可以解决绘画诸多问题，如构图、形象、结构、局部与整体等关系。

◇ 写生可以避免概念化、简单化、表面化的弊病。有时感到画来画去重重复复、没什么新意时，就必须到生活中去感受。生活是源头活水，可以使你的艺术充满生气。

◇ 写生可以锻炼敏锐的洞察力，捕捉自然界中蕴藏着的美。“夕阳芳草寻常物”，艺术家就是要能在平凡中发现美。

清供 2016 年 纸本 34cm × 46cm

◇ 写生是画家认识生活，收集创作素材，锻炼艺术技能最好、最直接的方法。自 20 世纪 80 年代以来，因为教学的需要，我每年都会带学生下乡写生。鼎湖山的山藤野花、粤北的山村农家、珠三角的水乡鸡犬、海南岛的雨林寄生，都是我写生的好素材。每次到大自然中我都激动不已，都有新的感受和启发。面对大自然，总感到自己的艺术技巧和表现能力贫乏。

◇ 在花鸟画的创作上，我的取材比较广泛是得益于写生。村前村后、篱落水滨，只要是美的都可以入画。一幅画应让人感到愉悦、得到美的享受。我愿意和人们共同分享。

◇ 20 世纪 80 年代初我就尝试用国画形式直接对景写生。带上毛毯、宣纸、笔、墨、颜料和水，席地而画。一画就是一天。这种写生，融合了画家对客观对象的感受、选择、提炼、概括、组织、设计等，是带主观性、创作性的写生，是物我交融的产物。

◇ 对景写生是自然形态转化为艺术形态的过程，画者可以在选材、构图、造型、

2019 年，方楚雄在云南大理永平县写生梅花

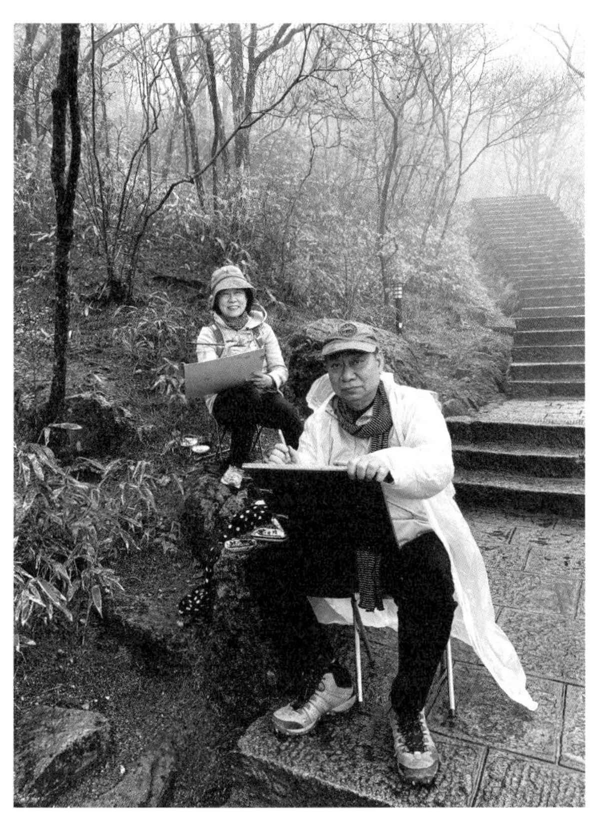

2021 年，方楚雄夫妇在黄山雨中写生

笔墨等诸方面得到充分的锻炼。艺术家为追求当时的感受并更完美地表现客观对象，在对景写生时往往会尝试创造新的艺术形式和艺术技巧，对景写生的作品具有不可多得的唯一性。我的许多作品，如《可可》《林区所见》《苗苗》《擎天》《山里人家》等，都是对景写生得来的，回来后没有再重新创作。

◇ 花鸟画写生不应机械地照搬物象，而应重在意象的创造——从写实到传神，从传神到意境的创造。

◇ 从生活中挖掘题材，在造化中启迪灵感。

◇ 花鸟画的“对景写生”很大程度也是“对景创作”。面对客观事物，要有主观能动性。

◇ 写生时，先勾好小构图，然后从离你最近的或最精彩的地方开始画起，逐层深入，这样才可以有条不紊。

◇ 写生树木时，要给人感觉树大。主干和枝丫的关系很重要，主干画小了，小枝画大了，树显得小，就没气势。应该主干加大，小枝缩小，树就显得大。画树还要注意外形和枝干交叉所产生的线面分割。

◇ 中国画画树干不可以过分强调明暗关系，立体感不是靠明暗，而是靠线和结构来表现。

◇ 中国画不追求表现空间。面对纷繁的大千世界，要善于找出秩序、规律，善于把三维空间平面化，善于从具象物体中寻找抽象因素，善于发现形式美感。

◇ 画树干不能太直，太直没动态，要找出它微妙的变化，前后、向背的变化和形态美感。

◇ 画梅时要注意大势，小枝不能破坏大势，

牵牛花 2021年 纸本 138cm×34cm

要有取舍，影响大势的枝可去掉或弱化。

◇ 不同种类的花朵、花托各不相同，写生时要特别注意花托的特点，要留心观察、细心刻画，不能概念化。

◇ 一张画，有花有叶时，要有所强化。想突出表现花的美，花要尽量多画，多到成团成片，这样才容易产生气氛。

◇ 一张画中叶片、花头的大小、动态变化不要太多，太多容易乱。

◇ 写生不仅仅是作为创作收集素材的手段，它还能唤醒我们对大自然鲜活和真切的感受。

二、笔墨

◇ 中国花鸟画的历史悠久，两宋时期，多以笔墨表现物象。明清之后，已不再满足于物象的表现。因为拘泥于物象的刻画往往会束缚笔墨的发挥，所以画家们偏重于主观表达，强调形式，让笔墨从“形”的枷锁下解放出来，使笔墨进入一个自由王国。于是大写意才发展到一个新的境界。

◇ 作画最讲用笔，用笔首先讲究“平如锥画沙”，不浮、不滑、不轻佻，自然浑厚。

◇ 线描用笔要刚中带柔、绵里藏针，要用阴力，不要过硬、过僵。勾勒用笔要轻松，要有“写”的意味，忌描。同一画面线条的粗、细、浓、淡不宜变化太大，画面的统一协调更重要。

◇ “二居”的撞水法虽然有光感，但不是表现光影。撞水、撞粉产生丰富美妙的水迹和浑厚滋润的美感更为重要。

◇ 现在一般人只留意研究“二居”的撞水、撞粉法，对“二居”的用笔却很少有人提及，其实

“二居”简练的用笔、准确表现形体的技法更值得我们学习与研究。

◇ 用笔苍劲古朴、刚柔相济、干脆利落。用笔不狂不怪、平中见奇。

◇ 笔头粗不等于大气，笔头细不等于小气。气势的大小，不只看画面的表面形式，更看精神内涵、气质。

◇ 俗称之“粗”，是指画面粗、浅，简单化。一是形象概念化；二是笔墨单调化；

岭南风骨 2022 年 纸本 248cm × 249cm

倾艳
2021 年　纸本
138cm × 70cm

2010 年，迟轲先生在“可惜无声——方楚雄的艺术世界”研讨会上讲话

2015 年，方楚雄出席第二届两岸文化艺术交流高峰论坛时与刘国松先生交流

2017 年，方楚雄与王子武先生

三是构思简单化，缺乏经营。

三、传统

◇ 中国画的传统是丰富多彩的，关键看我们如何去认识、学习、吸收，如何为我所用。

◇ 优秀的艺术家都是在传统的基础上融进自己的审美意识、审美情趣，在艺术形式和艺术境界上有新的突破。

◇ 继承传统，面对现实，这是当代画家所面临的两大课题。继承传统是指继承文化精髓而不仅仅拘泥于传统的样式；面对现实则是指在作品中融入当代意识、审美观念而不仅仅是表现当代生活的题材和内容。

◇ 临画前，熟读理解原作，下笔自然神旺气壮。此临画之要事也。

◇ “搜妙创真”“注精以一”“严重以肃”。宋人创作精神和治学态度，是值得我们提倡和弘扬的。

◇ 用传统的笔墨表现自己的生活感受，而传统的题材也可以用新的形式和意境来表现。

◇ 中国画的“程式”就是对纷繁的自然形态的高度概括和形式提炼。

◇ 传统的“程式”，从幼稚到成熟，从成熟到衰退，从而又产生出新的程式。

◇ 传统的“程式”要活用，努力创造新的“程式”。

◇ 继承而不忘创造，借鉴而不留痕迹。

◇ 中国画是“以形写神”“借物抒情”，是主、客观的产物。所以中国画历来没有像西方绘画那样，从纯客观的具象发展到纯主观的抽象。

2003 年，杭州“尖峰水墨——当代杰出中国画家邀请展”参展画家合影

四、造型

◇ 我始终认为造型艺术，是以摹形造像的方式来反映客观世界的。

◇ 形是基础，没有形，何来神？

◇ 齐白石说“太似为媚俗”，但他又说“不似为欺世”“不像则妄”。

◇ 自晋代“以形写神”“形神兼备”说之后，历代都对艺术美学“形神论”有所发展。认为不能满足表面的形似，而更应表现内在精神、内在生命。这是中国艺术美学的发展，是艺术的高境界。但它又往往容易使人误认为造型不重要。事实上，没有坚实的造型能力，要达到传神是不可能的。

◇ 齐白石提出“太似为媚俗”“不似为欺世”“妙在似与不似之间”。我们看齐白石八九十岁时画的虾、蟹、小鸡等造型是多么严谨，更毋论他的工笔草虫，你能说它不传神吗？

◇ “论画以形似，见与儿童邻”是批评只从表面的形似论画，而不是不要形。

登高觅幽
2015 年　纸本
138cm × 68cm

◇ 造型艺术中的“形”始终是非常重要的，有生命力而不是呆板的、典型具体不是概念化的“形”才能感人。

◇ “世界上怕就怕‘认真’二字”，似乎大写意就可以草率、粗鲁，逸笔草草。殊不知大写意也要极其认真严肃，也需要九朽一罢。只是其在形式上需要高度概括与提炼而已。

◇ 具象与抽象、写实与写意是艺术形式的不同，没有优劣高下之分。具象也可以有意境，写实也可以抒情。

◇ 自然主义的模仿自然，缺乏艺术魅力，主观主义的臆造，缺乏生活的感染力，都难使观众产生共鸣。

◇ 像不等于真，真是对客观对象从形到神的把握，是艺术家对本质、对生命的理解。

◇ 中国画的变形，不能变成漫画；带有装饰性，但不能变成装饰画。

五、风格

◇ 个人风格大都是长期修炼、自然形成的，如文火熬中药。刻意追求，不断自我否定，不断变换新的样式，到头来将一事无成。

◇ 艺术是创造，艺术手段无非是表达主体思想情感的过程。只要能表达作者的思想感情，我认为不必拘泥于哪一种表达形式，重要的是把握住自己，去寻找合适自己耕耘的艺术天地，如郑板桥说的“各有灵苗各自探”。

◇“重复古人、自命清高”不是当代花鸟画的主流。一脉相承的文化是一种精神，但技法和形式应该是新颖的。

◇ 文人画家有很高的文学修养和学识，但他们不是专业画家，在造型能力和绘画技巧上可能比专业画家要弱些，但格调和情趣是较高的。

◇ 中国画是个积累的过程，很多国画大师都是大器晚成。笔墨修养、生活经历，要积累到一定时候才能成熟。

◇ 艺术是真性情的流露，你的修养、学识、秉性、爱好都体现在笔下。风格可以学习，但作品应有真情实感。

◇ 画画一定要深入，在一个点上深入下去。

◇ 花鸟画乡土题材方面也有发展的空间，我很喜欢那种田园的朴素气息，也一直在追求这种题材和情调。传统文人画里就缺少一点。而齐白石的高明之处就在

狮子 2009 年 纸本 69cm×69cm

于他以朴素的农民心态看待世界，把乡土的东西融入文人花鸟画中。

◇ 我画山野、森林，是想把花鸟画的题材扩大一些，体现大自然的博大之感，通过花鸟画表现出大自然的生命力和张力。

◇ 传统绘画有文人画、画家画、民间画之分。文人画重意趣、重寓意，画画多为消遣自娱，所以逸笔草草，不求形似，只求抒发胸中意气。而我更看重画家画，画家经过严格的专业训练，有全面的艺术修养，讲究绘画的全面因素。

◇ 文人画，重在诗、书、画的结合，画面的题跋能帮助观者了解作者的创作意图，产生对画面诗意的联想，但我更注重画面意境的直接表达。

◇ 自自然然做人，认认真真画画，画画如做人。作品风格应该是庄重大气、

太阳神的儿子 2019年 纸本 190cm×65cm

自然真诚。

六、教学

◇ 研究生教学，应该体现出严谨的规矩法度和专业性，以及较高的艺术品位。研究生要具备独立研究、创作的能力。

◇ 画面上的东西需要自己去主观处理，但要自然合理，不能给人以刻意、造作和拼凑的感觉。

◇ 当学生在学习过程中迷茫时，教师要给学生做出分析、判断，找出他的特点、长处给予鼓励，指出其发展方向。教师的判断，就如医生诊断一样重要。

◇ 把深奥复杂的问题，通过简单浅显的形式表达，使学生易于接受，找出规律和共性，举一反三、触类旁通，这是较佳的教学方法。

◇ 严谨扎实的基本功和开拓创造、追求高格调是不矛盾的。

◇ 应具有严肃认真的治学精神和创作态度，对作品一丝不苟，追求精品意识。工笔画如此，写意画也应该如此。

◇ 创作是选材、构图、造型、形式、笔墨、色调诸多因素的综合锻炼，以创作带动基础。做大量的创作（包括习作）练习，是一个收效很快的学习途径。

◇ 某些老师认为：“好的学生，不教也会；差的学生，教也不会。”实

辽柏 2021 年 纸本 33cm × 45cm

在是有道理。但是教师不可能总是遇到基础好、悟性高的学生。基础差的学生也得教，要教好基础差的学生，的确难度较大，对教师是一个挑战。

◇ 画画，品位、格调最重要。有些学生，进校之前已小有名气，画龄也较长，就是品位、格调不高，习气较重。教这类学生，难度更大。

◇ 在创作教学上，提倡敢于探索、创新。而这种探索、创新是与民族、传统、时代有联系的，是有根基、有标准、有法度的。

◇ 有别于传统、与众不同，不一定就好；形式上的标新立异，不一定就是风格。学习阶段，不要过分提倡风格（也不可能），只要有生活、有感受、有美感追求，先求好，再求新。“变寓于常”，有些常规是不能随便打破的。

◇ 教与学是双方互动的。有水平的教师要与勤奋的学生互相配合才能出成果。

◇ 好的老师不仅传授具体技法，不仅传授自己的一套绘画经验，更要教艺术规律，如造型规律、构图规律、色彩规律、笔墨规律，教从生活到艺术的规律，教审美和趣味。总之要把学生教“活”，不要教“死”。

◇ 实践出真知，没有一定的绘画实践的数量，就不可能有质的飞跃。

◇ 学习阶段，主要精力应放在掌握规律和表现技法上，学习过程是从渐悟到顿悟的过程。

◇ 学习要讲究规矩法度，才能达到创作时的更大自由。学习的最终目的在于创造。

七、综论

◇ 自然平淡处，必有真境界。

◇ 中国画经历了千年的历史，虽历代崇尚的风格各有不同，但始终保持着民族的精神。

◇ 任何艺术都是有规则的。有规则就有制约，有制约就有难度，有难度才有高度，有高度才能永恒。

◇ 画中国画非一定时日不成气候。造型、构图、笔墨已非易事；意境、格调、风格则更难矣。

◇ 画画要讲气象，要堂堂正正。君子坦荡荡，落落大方，要有正大之气。要清气、文气、秀气，不要浊气、匠气、俗气、阴阳怪气。

◇ 秦、汉、唐崇尚雄强、阳刚之气；元、明、清崇尚简朴、阴柔之美。中国画讲究书卷气，书卷气乃学识、修养、品位、层次的问题。黄宾虹曰：“学画画所以养性情，涤烦襟，破孤闷，释躁心。胸中发浩荡之思，腕底生奇逸之趣。”

◇ “读书破万卷，下笔如有神。”读万卷书下笔未必有神，但不读书，下笔必定无神。

◇ 画得好，更要想得好。功夫和才情缺一不可。经营之极若不经意，大象不雕、清水出芙蓉、天然去雕饰、天人合一乃艺术之最高境界。

◇ 工笔画不是越工细越好。把人物的首饰、服装、动物的皮毛画得像照片一样真，那只是在技术上令人惊叹。而我们要追求的、更重要的是作品的艺术内涵和作者独到的艺术见解。

◇ 画要画得与别人不一样，但应是美的，不美谁喜欢？还要有难度，谁都能达到，就没有价值。

花间母子情
2023 年　纸本
138cm × 69cm

金色池塘
2018 年　纸本
154cm × 84cm

1995 年，方楚雄与林淑然夫妇出访新西兰

2013 年，方楚雄与父亲

1985 年，方楚雄与吴冠中（左一）、尚涛（右一）等先生在深圳美术节合作大画

◇ 画事切忌功利浮躁。心神不定、六神无主、花样翻新、朝三暮四，缺乏艺术主见和修养，到头来将一事无成。

◇ 我很赞同黎雄才先生常说的“只有劳而不获者，没有不劳而获者矣！”

◇ 我也很钦佩关山月先生一辈子对艺术的执着，他 88 岁高龄时还入西南、登泰山，深入生活写生。

◇ 如今是信息时代，我们开阔了眼界，也缩短了学习过程。传媒炒作虽然加速成名，但这种没有根基的“速成法”很难成就如齐白石、黄宾虹、潘天寿、李可染这样的大师。

◇ 中国画独到之处在于虚中有实、实中有虚。画面构图空白处不能感觉多余，尽量饱满、充实，而满中又要有空灵感。充实饱满的画面才丰富而有张力。

◇ 画面要有疏密，但疏密聚散不要太过分，密中有疏、疏中有密才会自然。

◇ 如果画面上的动势太一致，会显得简单，要有一些与之抗衡的力量才好，要整齐中有变化，变化中求整齐。

◇ 中国画不讲究表现光影和体积，但不等于比西洋画落后。它和中华民族的欣赏习惯、审美情趣有关。

◇ 富有生活气息的花鸟画能使人感觉亲切，使人有身临其境、触景生情的感觉。

◇ 提高学识修养和审美趣味，才能提高作品的格调和艺术品位。

◇ 优秀的作品不但要有真情实感和独特的艺术风格，还要有难以超越的艺术技巧。

◇ 好作品应该有感而发，但是谈何容易。人人都在生活，人人均有感情；但有生活、有感情的作品却少之又少。有的人画了一辈子画，到头来却是在重复前人，重复别人，唯独就没有他自己。

◇ 没有感受、信手涂抹之作，作为练笔自娱或应酬之作尚可，谈不上创作。

◇ 小品画也要讲气象、讲格调、讲立意、讲情趣。

◇ 画画靠勤奋，更要有悟性。

◇ 画画靠功力，更要有灵气、有感觉、有美感。

◇ 画画具有鲜明的个人风格，是个人的行为。但同时它又是时代的，总带有时代的印记。

◇ 画画离不开真和善。没有真和善，就不可能产生美的作品。

◇ 中国画是外在美和内在美、自然美和艺术美的统一。表现客观对象的特征，就如一般所说的“画什么像什么”，这是自然美、外在美；而更高一层是还要有自己的面貌和个性，这是艺术美、内在美。

◇ “心、眼、手”，画画三大基本功。“心”，即心灵、品性、修养、思想。“眼”，即敏锐的眼光、观察事物的能力，还包括高的眼界。“手”，即手头功夫，绘画基本功。

◇ 画要让人看得懂，要自然清新。画还要耐看，要有笔墨内涵和精神内涵。

（原载《中国花鸟画教学》，北京：高等教育出版社，2010 年 10 月）

20 世纪 80 年代，从左至右：王玉珏、林丰俗、苏华、方楚雄、汤小铭、林墉

2019 年，方楚雄夫妇在莫斯科参加“伟大的中国书法与国画：一带一路”展览

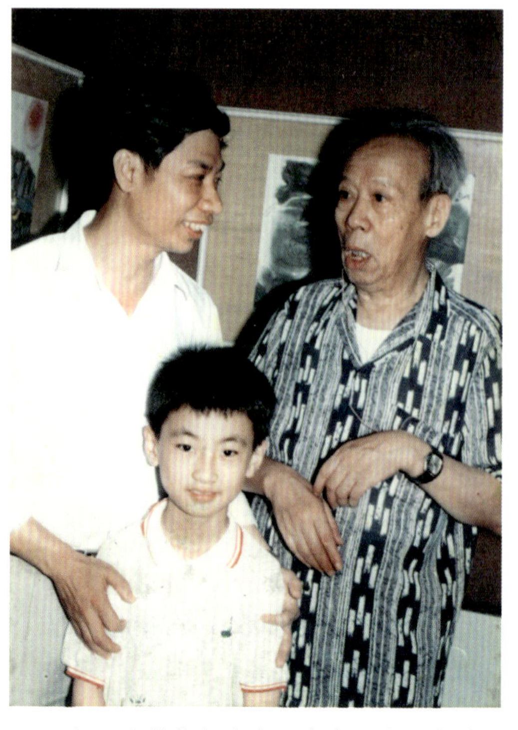

1987 年，方楚雄与廖冰兄先生、小画家苏睿

三羊开春
2014 年　纸本
138cm × 69cm

红花群兔
2018 年　纸本
138cm × 70cm

山中闻猴
2022年　纸本
138cm × 69cm

中国画教学沿革初探

文／方楚雄

在中国画发展的历史长河中，中国画家的产生及其成长过程，不免引起我们的思考。不管是皇家画院、师徒相授还是家学相传，其都以各自的方式为中国画的辉煌做出自己的贡献。历代中国画的教与学经验和成果，不可避免地成为当今美术教育工作者研究的重要对象。

中国美术理论历经几千年的发展，积累了极为宝贵的财富。但关于历代有成就的杰出画家在踏入艺术门槛之初，是如何学艺、如何师承，中国古代的美术教育状况又是如何……史籍中却少有详尽记载。然而，这方面的问题却直接关乎中国绘画艺术的传承发展脉络，亦即美术教育中的绘画教学模式问题。不少在中国绘画史上赫赫有名的大画家，关于他们的学艺与师承的记载都只留下寥寥数言。我们只能在这些仅存的只言片语中，理出他们的共性和个性，以期找出规律性的东西，为美术教育提供有益的借鉴。

东晋画家顾恺之师法卫协。

唐代阎立本继承家学；唐代青绿山水画家李昭道山水亦师承家学（画史上对李思训与李昭道父子，向有大、小李将军之称）；唐代鞍马画家韩幹是曹霸的入室弟子；戴嵩师承韩滉，以画牛最为著名。

五代花鸟画家黄筌师从刁光胤；黄筌次子黄居宝、幼子黄居寀，继承和发展了刁光胤及其父花鸟画的风格，形成五代、北宋的黄氏体制，在北宋画院中被视为程式；

徐熙之孙徐崇嗣，初承家学，后改效黄筌、黄居寀父子画法，自创新体。

五代至北宋年间，山水画进入了一个辉煌时期，其间涌现了一大批山水画大家。关仝为荆浩弟子；巨然为董源弟子；李成师法荆浩、关仝；范宽初学李成，继法荆浩；米芾之子友仁继承父法，画史上有“米家山”和“米家云山”之称。

元代大书画家赵孟頫与夫人管道昇同为明本和尚弟子，赵孟頫山水取法董源、李成，人物、鞍马师法李公麟。

“明四家”的唐寅、仇英均拜周臣为师，文徵明师学沈周；明末画家陈洪绶师学蓝瑛。

清“四王”之首的王时敏平生爱才，从学者众，王翚、吴历、王原祁（其孙）均为其弟子；任伯年幼时得父指教，后师任熊，继而从任熊之弟任薰学画。

从上面的画史记载，我们可以窥见古代画家的师学模式，以师徒式、家传式为主要途径。除此之外，还有一种率世界美术教育之先，与以上数种模式并存过一段时间的教学方式，那就是由皇家创立的官方美术教育。

由于爱好美术，注重皇家美术机构的建设，宋徽宗赵佶多方搜罗、培养艺术人才，成立了第一个“画学”。画学与画院成为两个性质不同的皇家最高艺术机构即教学机构与创作机构。据《宋史·选举志》记载，这个皇家的最高教学机构，已

2010 年，与老省长卢瑞华、广州美术学院党委书记陈朝光在方楚雄《中国花鸟画教学》首发式现场

2021 年，外交部原副部长、中国外交官联谊会原会长吉佩定（左三），中国驻捷克原大使唐国强（左四），外交部原干部司司长刘玉和（左一）出席方楚雄画展

2019 年 10 月，“天地生灵·方楚雄的艺术世界”在澳门回归贺礼陈列馆开幕

花间兔群
2020 年　纸本
137cm × 68cm

经有着完整健全的机制，有一整套课程计划和教学方法，还有一定的招生制度、考试制度、基本待遇以及寄宿安排等。“画学”被认为是我国最早的美术学校，也是世界上最早的美术学校。

赵佶首创的“画学”，隶属国子监，国子监是朝廷教育的最高管理机构。其招收学生有一整套较为严格的命题考试程序，试题多与典故诗句有关，如“野水无人渡”“嫩绿枝头红一点”“踏花归去马蹄香”等，成为中国绘画史上脍炙人口的考试命题，由此可见宋代画学教育对绘画意境的重视。“画学”的课程设置，大致分有佛道、人物、山水、鸟兽、花竹、屋木等科目。为了提高学画者绘画立意的深度，还开设有专门的文化课，学习《说文》《尔雅》《方言》《释名》等。对绘画的评价，也有一定的标准，以不仿前任，而物之情态形色俱若自然，笔韵高简为上乘。这一标准，体现了非常高的绘画艺术要求。在“画学”学习过的学生，一般都能进入皇家画院供职。宋大观四年（1110 年），“画学”并入皇家画院，至靖康二年（1127 年）北宋灭亡时结束，前后共办学二十多年。

佛教在隋唐盛行，大规模的佛寺壁画活动带动了师徒传授式的民间绘画教育。中国古代民间画工的教育模式，是以师徒粉本传授为基本形态，其中以被誉为“画圣”的吴道子为代表人物。

宋代印刷业迅速发展，画谱、画诀类美术范本、教材的大量刊行，对于民间的美术教育起了很大的推动作用。明代表现得更加突出，《高松画谱》《十竹斋画谱》等有影响力的画谱也相继出现。而流传最广、影响最大的当数清初的《芥子园画谱》，它成为中国古代绘画基础教育的基础教材，为千万画人起到启蒙作用，如齐白石、刘海粟、潘天寿、董寿平、赵望云、陆俨少、关山月、陈大羽等早年都曾临摹过这部画谱。可以说，《芥子园画谱》是他们的重要的启蒙老师。

纵观师徒式、家传式绘画教学模式，它的优点很突出，但由于教学过程几近亲传秘籍，局限在一个较狭窄的圈子中，画家与画家之间，又难免有门户之见，因此，教学的封闭性与局限性也就很明显，新的艺术思想得不到及时交流。另外，传统绘画教学模式在传授过程中较重视案头技法临摹，忽略对自然的感受及写生创作，具有浓厚的因袭局限。不少人往往只学一家，而不能跳出家法转学多家或师法自然。因此，欲跳出老师的藩篱也较难。

真正大规模的美术教育，即学院式的美术教育模式，始于晚清“西学东渐”的时候。光绪年间，科举废除，兴办新学已蔚然成风。光绪二十八年（1902 年），南

1995 年，方楚雄与孙其峰老师在广州

2002 年，方楚雄与杨善深先生在广州艺博院

2021 年，方楚雄与郎绍君先生亲切交谈

2023 年，左起：江文湛、房新泉、霍春阳、方楚雄在山东郯城

京建立了“三江师范学堂”（“三江师范学堂”1905 年易名为“两江师范学堂”），由翰林李瑞清任总办（即校长，后称监督）。光绪三十一年（1905 年），清朝正式设立了学部（即教育部），次年颁布“优级师范选科章程”。就在这一年，两江师范学堂正式成立了图画手工科，成为我国最早设立美术科的高等学校。图画科目包括素描、水彩、油画、透视、图案、中国画等。中国画教师由李瑞清、萧俊贤担任。姜丹书、吕凤子就是该校的学生。

辛亥革命后，风气所及，全国各地的私立美术学校如雨后春笋般相继建立，较著名的有浙江两级师范学堂，校长为经亨颐，教师有姜丹书、李叔同等。著名毕业生有丰子恺、潘天寿等。上海美术专科学校创立于 1912 年，初称“上海图画美术院”，刘海粟任校长。其后武昌艺专（1920 年成立，初名武昌美术学校）、苏州美专（1922 年）、广州市立美专（1922 年）、新华艺专（1926 年）等有影响的艺术院校相继成立。

而国立美术院校以北平艺专与杭州艺专最有影响。北平艺专创办于 1918 年，历任校长和负责人有郑锦、林风眠、徐悲鸿、严开智等，著名中国画教师有陈师曾、王梦白、齐白石、萧俊贤、蒋兆和、李可染、叶浅予等。杭州艺专创办于 1928 年，原名国立西湖艺术院，校长为林风眠，著名中国画教师有潘天寿、李苦禅等。抗战时期，北平艺专与杭州艺专合并为国立艺专，抗战胜利后再分为

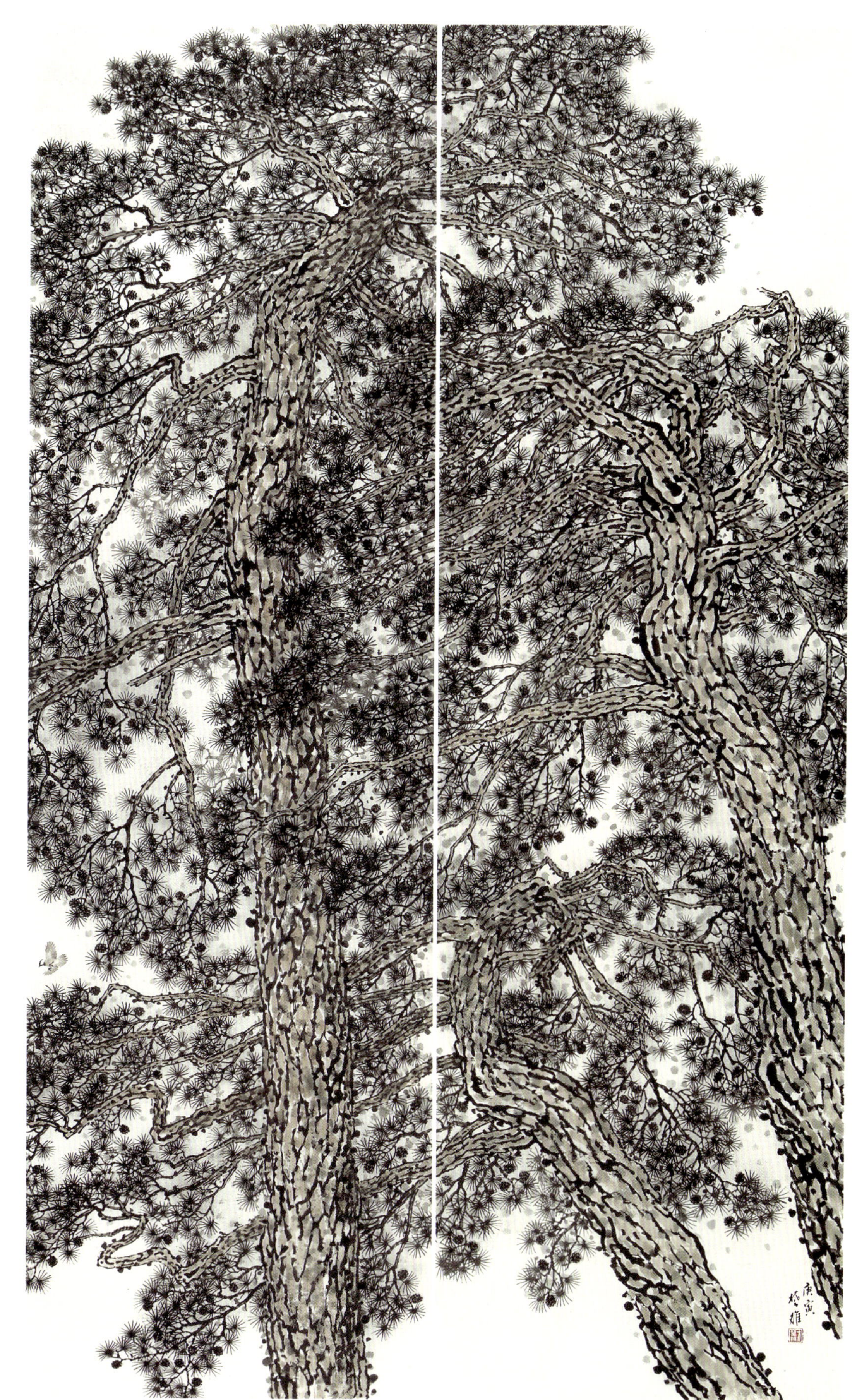

庐山松 2010年 纸本 248cm×188cm

二。历任校长为林风眠、滕固、吕凤子、陈子佛、潘天寿、汪日章，著名中国画教师有丰子恺、谢海燕、吴茀之、诸闻韵、张振铎、黄宾虹、黎雄才、黄君璧、张书旂、李可染、关良、邓白等。

不言而喻，学院式美术教育比起师徒式和家传式美术教育来，其优胜之处是多方面的。首先，美术院校是各种美术人才、艺术风格、流派的主要汇聚场所，有利于学生进行广泛的接触与选择学习。相对于师徒式、家传式教育模式的狭隘性、封闭性，它具有一种不可比拟的开放性与系统性。其次，美术院校基本是在晚清以后“西学东渐”之风中创建的，于是它也就成为西方美术观念主要传播与流行的场所。以上列举的曾在各美术院校任教的大部分美术教育家，本身便深受中国美术熏陶，毕生不遗余力地提倡“中西融合”。至于怎样融合，虽然还没有找到圆满的答案，但在探寻西方的写实与中国画的写意的融合上，现代美术教育是对于中国画的大胆革新，却是一个好的开端。对于启发学生心智、培养学生扎实的写生造型能力、反映现实生活等，起到不可低估的作用。

新中国成立后，各地的美术院校基本上沿袭着以徐悲鸿写实主义为主导的美术教育体系。在中国画教学上，各院校虽然各有自己的做法，但基本以“造型基础、专业基础、创作基础”作为教学的三大板块。中国画的造型基础和其他画种不同，因为中国画是以线造型，所以它不仅仅是素描、色彩，还要有白描、速写、默写的训练。只有具备了坚实的造型能力，传统中国画才能表现丰富的现实生活。专业基础是指传统的笔墨规律，中国画分人物、山水、花鸟三科，每科都有其笔墨规律。书法也是中国画专业基础之一，学中国画不懂得中国优秀传统就很难成为好的中国画家。创作是各基础的综合体现，它包括作者的生活积累、想象构思、构图能力、造型能力、笔墨技巧等方面。各个美术院校的中国画教学，基本都以这三大板块为主，不过又各有所侧重。有的院校重于传统、临摹，有的侧重写生、创作。而在传统的学习上各院校的侧重也有所不同，有些院校侧重唐宋传统，有的侧重元明清传统。有的院校分科教学，一进学校即选人物、山水、花鸟其中一科学习。有的则不分科，人物、山水、花鸟、工笔、写意皆学。专科学习可以学得更专，但知识面较窄。不分科学习，知识面较宽，但单科的水平可能较弱，各有利弊。总之，学院四年的教学，只能是为培养未来的艺术家打基础，教给学生基本理论、基本知识和基本技能，教给学生正确的学习和研究方法，引导学生走上正确的艺术之路。

随着现代教育的勃兴，学院式的美术教育得到普及。艺术教育的社会化使传统的师徒式、家传式教育模式已不再成为中国画教学模式的主流。但如前所述，学院式教育模式除了具有较大的优越性，也存在一定的弊端。譬如，现代学院式教育更多地受到西方美术教育观念的影响，对中国传统较为轻视，这使得中国画传统的继承和发扬存在令人担忧的局面。

在近百年中国美术史上杰出的中国画家中，接受非学院教育的要比学院教育的多。如齐白石、黄宾虹、于非闇、张大千、吴湖帆、陆俨少、蒋兆和、李苦禅、叶浅予、黄胄、黄永玉等均非学院教育出身。为什么这些大家都不是出于学院教育，这值得我们思考。

中国画是一门具有高度传统文化内涵的学科，它程式性强，讲究规矩和法度。所以，如能综合学院式和师徒式的教学优点，则是最佳的教学方式。例如高剑父少年时代从居廉学画，后东渡日本求学；朱屺瞻少年随塾师童颂禹学画兰竹，后东渡日本学习素描、油画，而后又就中国画问学于齐白石；徐悲鸿6岁跟父亲读书、学画，

窗前 1990年 纸本 67cm×67cm

秋来满架堆南瓜 2020年 纸本 70cm×69cm

2004年，左起：林墉、李颖莉、黄苗子、方小雅、郁风、方楚乔、方楚雄于从化温泉宾馆

2015年，刘文西先生观看方楚雄画展

2015年，左起：刘国辉、杜滋龄、方楚雄、林淑然在广东美术馆

2015年，方楚雄夫妇与吴山明夫妇

后赴日本及法国深造美术；李可染早年随钱食艺学山水画，19岁考入上海美专，22岁考入杭州国立西湖艺术院研究部学习油画。抗日战争胜利后，李可染拜黄宾虹和齐白石为师；黎雄才17岁拜高剑父为师，22岁时得到高剑父的资助赴日本东京就读于日本美术学校。以上诸人都是中国画坛大师级人物，他们早年既曾私下拜师为徒，也曾迈进过艺术院校门槛，得益于多方面的教育。

20世纪70年代末，我国美术院校开始招收研究生，采用导师制的工作室模式培养高层次的美术人才。本科教育作为基础教育，强调基本理论、基本知识、基本技能的学习。而研究生教育注重专门学科的深度研究和专门人才的培养。研究生导师工作室教学有点近乎师徒式的教学模式，它有利于发挥导师的学科优势，对学生因材施教。这利于从一点切入，由精至深，达到对艺术的整体把握。然而，这种教育又不脱离学院教育的大环境，学生可以接受更广泛的知识，以全面提高素质。这是目前一种较为理想的高端人才培养模式。当然，导师制教育，关键还在于导师的水平、能力、见识和修养，没有高水平的导师，或者没有为师之德的导师，也难以培养出优秀的学生。

关于中国古代美术教育的状况、中国画教学的特殊性以及西方美术教育对中国画教学的影响等命题的思考，对当下的中国画教学是大有裨益的。

（原载《中国花鸟画教学》，北京：高等教育出版社，2010年10月）

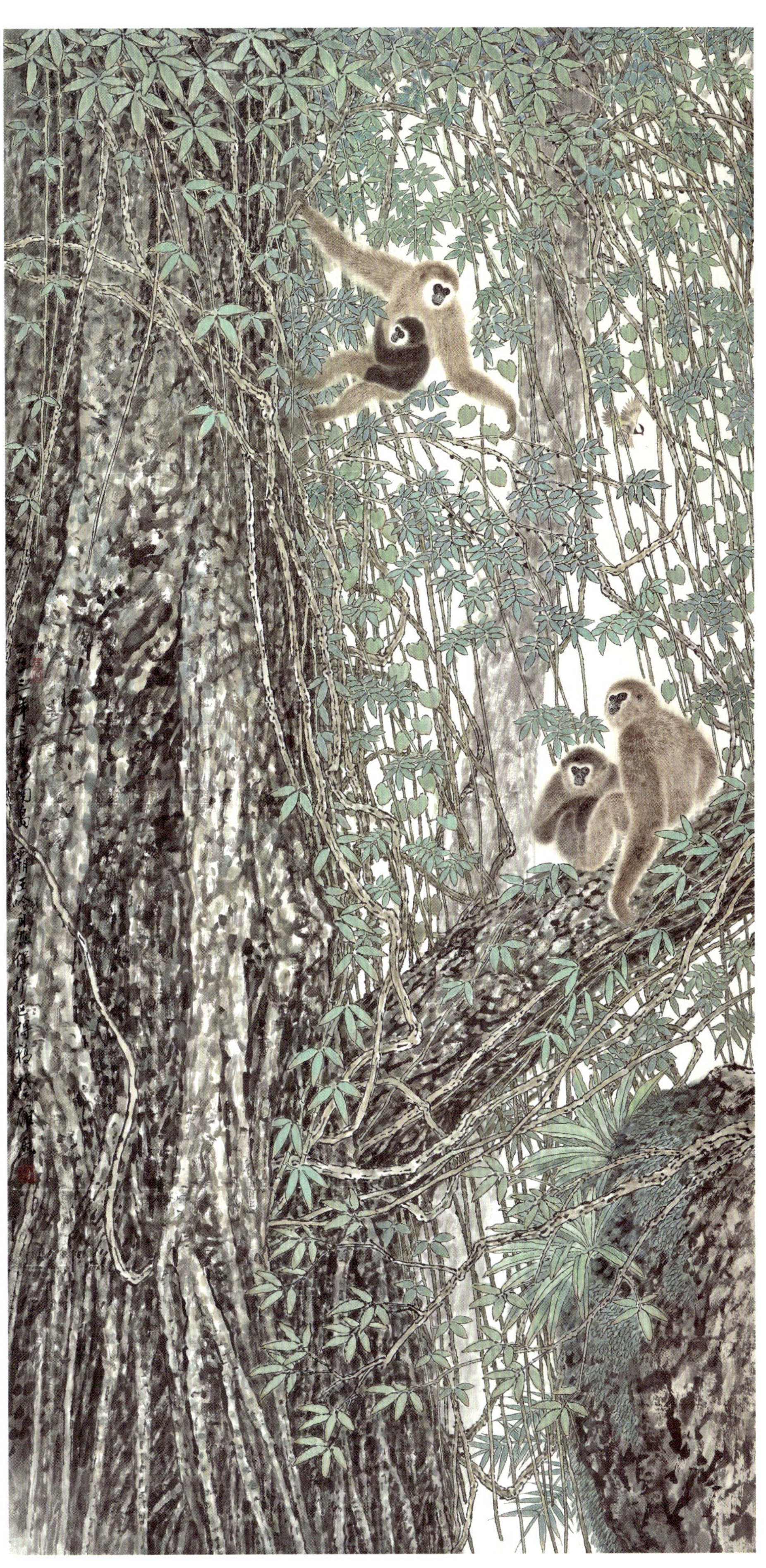

密林猿踪
2013年　纸本
247cm×123cm

竹林翠羽
2020 年　纸本
179cm × 98cm

人民美术家·方楚雄卷

艺术年表 »

方楚雄艺术年表

方楚雄之父方泽浦

方楚雄之母罗宝琴

1959 年，方楚雄（后左）与三哥、弟弟、妹妹合影

1950 年

10 月 29 日生于广东省汕头市，祖籍广东省普宁县鸣岗村。

1955 年

从王兰若老师学画。

1958 年

作品发表于《红领巾》《少先队员》等杂志。

1959 年

赴广州出席广东省第一次少先队员代表大会。从刘昌潮老师学画。

1960 年

作品《老鸭捉鱼》《紫藤》由中国人民保卫儿童委员会选送至匈牙利、德国展览。

1962 年

又随王兰若老师学画。

1970 年

高中毕业分配到汕头通用机械厂当工人。

1972 年

作品《牧鸭》入选“加拿大国际博览会·中国馆”展览（加拿大）并发表于《人民画报》封底。

1973 年

参加广东省中国画研讨会及广东省美术创作班。

1975 年

就读于广东人民艺术学院绘画系。

1978 年

毕业于广州美术学院中国画系并留校任教（1978 年 2 月原广东人民艺术学院改为广州美术学院）。

1979 年

赴北京、天津考察学习，赴永乐宫、西安、龙门石窟、敦煌考察临摹。

1980 年

作品《多寿图》在法国展出。

10 月，随广东省政府代表团出访澳大利亚。

“林墉、林丰俗、苏华、方楚雄四人联展”在汕头、潮州举办。

1982 年

“方楚雄画展”在新加坡举办，并出版《方楚雄画集》。

6 月 1 日至 7 月 2 日，与林丰俗一起带中国画系三年级学生赴长江三峡写生。

《方楚雄画选》由岭南美术出版社出版。

20 世纪 70 年代初，方楚雄和父母兄嫂弟妹侄子们在汕头

1983 年，方楚雄七兄弟姐妹在汕头外马路 98 号家中天台合影

1975 年，方楚雄在广东人民艺术学院校门前留影

1979 年，在中央工艺美院看黄胄先生画画，旁为许麟庐先生

1979 年，方楚雄在龙门石窟考察临摹

1980 年，方楚雄在澳大利亚悉尼讲学时现场挥毫

1982 年，方楚雄与林丰俗在长江三峡写生

1983 年

作品《水禽》入选“中国青年国画展”，在法国展出。

作品《村集所见》入选“广东农村新貌展”并获三等奖。

作品《硕果》入选“全国侨乡美术作品展”。

1984 年

作品《故乡水》入选第六届全国美术作品展，并发表于《人民日报》。

11 月，带中国画系 82 级花鸟画本科生赴海南岛霸王岭写生。

1985 年

“陈卓坤、黄志坚、尚涛、陈永锵、方楚雄五人画展”在广州美术馆举办。

9 月，参加首届“深圳美术节”。

加入中国美术家协会。

1986 年

被评为广州美术学院讲师。

7 月，作品《鸡冠花》入选“广东省美术作品展”，在泰国展出。

10 月，带中国画系 84 级花鸟画本科生赴海南岛兴隆、陵水写生。

1987 年

与林淑然合作编绘《动物画谱》，由岭南美术出版社出版。

与林淑然合作的《高产养鱼》入选“全国

科普美术作品展”并获佳作奖。

《方楚雄画集》由香港书谱出版社出版。

作品《秋林》《村井》《群鹅》入选“岭南画派源流大展”，在台北展出。

1988 年

赴新加坡举办第二次个人画展。

作品《群鹅》入选“中国青年书画展”，在香港展出。

1989 年

“林丰俗、陈振国、方楚雄国画展”在广东省博物馆举办。

作品《晨曦》入选第七届全国美术作品展。

回家乡普宁县、汕头市举办个人画展。

“方楚雄近作大展”在香港翰墨轩举办。

被评为广州美术学院先进工作者。

1990 年

参加广东省美术家协会第四次代表大会，被选为广东省美术家协会理事。

“方楚雄水墨个展”在台北举办。

任广州美术学院中国画系副主任。

被编录入《中国当代国画家辞典》。

1991 年

作品《明月松间照》被北京中南海收藏并入编《中南海珍藏书画集》。

“方楚雄画展”在上海美术馆举办，并由上海人民美术出版社出版《方楚雄画集》。

1982 年，陈大羽先生观看方楚雄作品

1984 年，方楚雄带中国画系 82 级花鸟画本科生赴海南岛霸王岭写生

1986 年，方楚雄带学生在海南岛写生

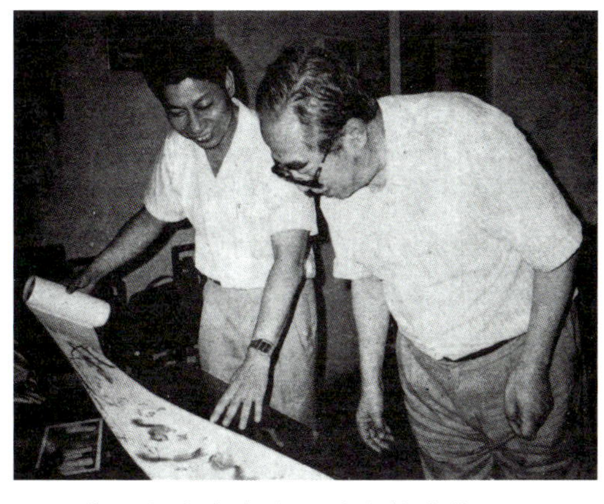

1991 年，程十发先生观看方楚雄作品

1991年，江苏省花鸟画研究会举办方楚雄花鸟画研讨会

1991年，方楚雄在江苏省美术馆举办画展后，与夫人林淑然在南京电台直播现场

1991年，谢海燕先生参观方楚雄画展

1992年，在广东画院举办的“方楚雄作品研讨会”现场

“方楚雄画展”在江苏省美术馆举办，并由江苏省花鸟画研究会主办“方楚雄花鸟画研讨会”。

作品《秋林松鼠》被江苏省美术馆收藏。

作品《竹林松鼠》入选由中国画研究院主办的“中国花鸟画展”，并被中国画研究院收藏。

作品《初秋》入选“首届中国旅游书画艺术节”并获优秀奖。

11月，被聘为广州师范学院客座副教授。

1992年

1月，广州电视台播放《方楚雄与他的花鸟画》专题节目。

3月，作品《枫猴图》被广东省博物馆收藏。

8月，应邀赴北京钓鱼台国宾馆创作《晨曦》。

9月，赴新加坡举办第三次个人画展，由新加坡美术总会、新加坡现代画会、新加坡天鼎艺术中心联合主办。

被评为广州美术学院先进教师。

10月，“方楚雄画展”在广东画院展出并举办“方楚雄作品研讨会”。作品《村磨》入选“全国首届中国花鸟画展”。

《广东美术家丛书·方楚雄》由岭南美术出版社出版。

12月，被评为广州美术学院副教授。

《美术》杂志发表《关于方楚雄花鸟画艺术的对话》及作品8件。

1993年

6月，出访俄罗斯、哈萨克斯坦。

作品《叠翠》入选“首届全国中国画展”并获

优秀奖。

10月，赴杭州中国美术学院参加“全国美术院校中国画邀请展暨中国画教学研讨会”。

12月，作品《山丹丹花开红艳艳》被中国人民革命军事博物馆收藏。

1994年

6月，“方楚雄画展”在香港华格纳画廊举办。

8月，被聘为暨南大学兼职教授。

10月，作品《山中虎》入选第八届全国美术作品展。

12月，《中国当代艺术家画库·方楚雄画集》由中国画报出版社出版。应邀为全国政协办公厅创作《松竹松鼠图》并被选入《全国政协书画藏品选》。

1995年

8月，应新西兰东方画会邀请赴新西兰奥克兰、威灵顿举办画展并讲学。

9月，应邀赴澳大利亚墨尔本皇家理工大学美术系讲学。

11月，为人民大会堂人大常委会会议厅创作《绿云》。

出席广东省美术家协会第五次代表大会，被选为广东省美术家协会常务理事。

12月，出席广东省第四次文学艺术工作者代表大会。

1996年

3月，广东电视岭南台艺术太空“风流人物”

1992年，方楚雄与刘昌潮老师拜访赖少其先生

1993年，方楚雄与宋文治、喻继高在钓鱼台国宾馆

1993年，在海南岛尖峰岭写生

1995年，在新西兰举办“方楚雄画展”

1995 年，方楚雄在新西兰惠灵顿为中小学生讲授中国画

1996 年，方楚雄与饶宗颐先生观看作品

1996 年，方楚雄率广东美术家代表团访问欧洲九国，图为向德国法兰克福市政府赠送画集

1998 年，方楚雄父女与孙其峰老师

播放《典雅的寂静——国画家方楚雄》。

6 月，广东电台健康之声播出专访《著名画家方楚雄和夫人》节目。

8 月，作品参加“第十一届当代中国花鸟画邀请展”，在太原展出。

10 月，任广东省美术家代表团团长，率团赴德国、法国、意大利、比利时、荷兰、西班牙、梵蒂冈、摩纳哥、卢森堡访问。

1997 年

3 月，“方楚雄近作展”在香港大会堂举办。

《画小动物》由台湾艺术图书公司出版。

发表论文《两宋花鸟画的历史贡献》《中国画教学沿革初探》《文人画衰落之我见》。

6 月，作品《故乡水》《山中虎》入编《中国现代美术全集》，由人民美术出版社出版。

作品《高原风雪》被香港艺术馆收藏。

8 月，“方楚雄近作展”在台北孙中山纪念馆举办，随后在台中、新竹市展出，并由台湾名传艺术中心编印《方楚雄画集》。

11 月，被中国文学艺术界联合会、中国美术家协会评为“’97 中国画坛百杰”。

《当代实力派画家精品 · 方楚雄的动物世界》由福建美术出版社出版。

1998 年

2 月，“方楚雄精品展”在济南举办，并赴泰山、沂蒙山写生。

5 月至 6 月，率广州美术学院艺术、设计考察团赴美国访问。

8月，赴宁夏、甘肃、内蒙古、甘南藏族自治州、天水麦积山写生。

8月27日至9月13日，在英国皇家美术家画廊举办画展。

12月，被评为广州美术学院教授。被聘为广东省美术家协会中国画艺委会委员。

1999年

1月，《二十世纪末中国画百杰画家·方楚雄作品精选》由辽宁美术出版社出版。

7月，应邀赴北京为天安门城楼创作《白梅颂》并入编《天安门藏画集》。

应邀为钓鱼台国宾馆创作《雨林飘香》及花鸟四屏。

9月，作品《藤韵》《岁月》入选“庆祝中华人民共和国成立50周年——广东省美术作品展”，作品《藤韵》获铜奖。

作品《藤韵》入选第九届全国美术作品展并获优秀奖。

10月，“方楚雄画展”在广东省高要市黎雄才艺术馆举办。

2000年

4月，带学生赴苏州无锡、山东菏泽写生。

10月，“方楚雄、林淑然画展”在肇庆画院举办。“方楚雄、林淑然画展”在广州逸品堂举办。作品《高瞻远瞩》被广州艺术博物院收藏。

2001年

4月，赴沈阳鲁迅美术学院、天津美术学院、

1998年，方楚雄在英国皇家美术家画廊举办展览

1998年，与王受之在美国洛杉矶设计学院

2001年，方楚雄为人民大会堂创作《长青》

2001 年，在人民大会堂创作《长青》与《雨林飘香》

2001 年，方楚雄与黄苗子（左三）、学生许敦平（左二）在人民大会堂

2002 年，广东当代国画名家优秀作品展在北京全国政协展厅举办。左起：李劲堃、王子武、白雪石、华君武、启功、方楚雄在全国政协留影

2002 年，“广东当代国画名家十人展”在广东美术馆举办。李劲堃、陈振国、王玉珏、王子武、方楚雄、林丰俗、尚涛、周彦生、张绍城等出席

上海中国美术学院设计分院考察。

9 月，深圳博雅艺术公司举办“方楚雄动物小品展”，并出版《方楚雄作品集》。

《方楚雄动物小品》由岭南美术出版社出版。

应人民大会堂邀请创作《雨林春晓》《长青》。

作品《可可》入选由中华人民共和国文化部艺术司、中国美术家协会主办的“百年中国画展”，并入编《百年中国画集》。

2002 年

2 月，《动物画技法》由山东美术出版社出版。

6 月，《方楚雄动物画精品集》由福建美术出版社出版。赴美国旧金山中国画廊举办“方楚雄旅美画展”。

7 月，《写意小动物画法》由天津杨柳青画社出版。

9 月，作品入选由全国政协书画室、广东省政协主办的“广东当代国画名家十人展”，在广东美术馆展出。

11 月，作品入选由全国政协书画室、广东省政协等主办的“当代国画优秀作品展——广东作品展”，在全国政协礼堂展出。

作品《故乡水》被广东美术馆收藏。

2003 年

1 月，《动物画范》由荣宝斋出版社出版。《美术教学示范作品：写意松树画法》由天津杨柳青画社出版。

2 月，《花鸟画名家小品 · 方楚雄》由河南美术出版社出版。

《走近画家·方楚雄》由天津人民美术出版社出版。

7月，作品《古松》《瓜荫双犬》《春酣》《远瞩》《农舍一隅》入选由中国艺术研究院美术研究所主办的“2003年中国画家提名展”，在北京炎黄艺术馆展出，并入编作品文献集。作品《鹅》《鸡》《两小无猜》入选“2003全国著名中国画家提名展”，在青岛展出。

8月，作品《幽谷繁花》入选“第二届全国中国画展”，在大连展出。

12月，作品《绿云幽香》《热风》《竹韵》《万玉》入选由中华人民共和国文化部艺术司、中国画研究院主办的“东方之韵——再认识传统·当代中国画成就展”并入编作品集。

赴汕头市参加广东省中国画研讨会。

作品《金秋》入选由中国美术家协会主办的“中国风情——当代中国画作品展”，在法国展出。

2002年，《动物画技法》由山东美术出版社出版

2003年，《动物画范》由荣宝斋出版社出版

2004年

4月，《美术》杂志发表《雄健·清新·精微——名家点评方楚雄之作品》及作品12幅。

5月，作品《蕉荫雏鸡》《丹柿满树》《紫雪》《老梅新花》《华实图》参加“纵横水墨——中国当代中青年中国画家邀请展”，在深圳美术馆展出，并入编作品集。

6月，参加由中国画研究院、内蒙古自治区宣传部组织的“聚焦西部——全国著名美术家内蒙古采风”活动。

7月，作品《暮色苍茫》入选“庆祝中华人民共和国成立55周年——广东省美术作品展”，在广东美术馆展出。

8月，荣获中国艺术研究院授予的“黄宾虹奖”并参加由中国艺术研究院主办的“获黄宾虹奖画家作品展”，在中国美术馆展出。

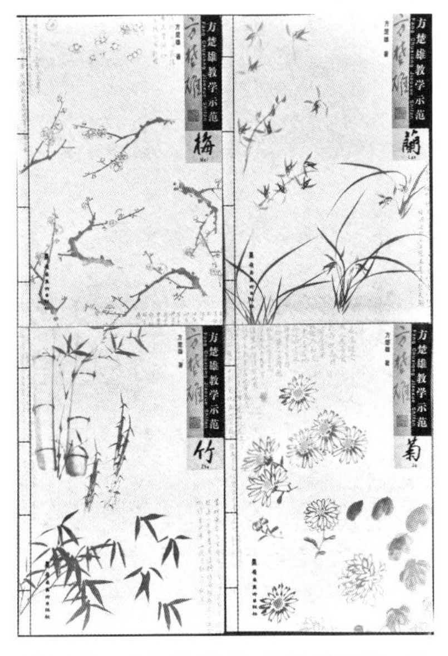

2004年，《方楚雄教学示范》梅、兰、竹、菊四册由岭南美术出版社出版

2005年，左起：陈金章、方楚雄、于风、杨之光、梁世雄、林淑然于肇庆

2005年，在“当代中国画学术论坛暨首届当代中国画学术展”现场与全国花鸟画同行于中国美术馆留影

2006年，参加“画说西湖——国际绘画艺术论坛”。从左至右：陈家泠、方楚雄、张桂铭、唐岳、萧平于杭州西湖留影

2007年，岭南画派纪念馆举办“方楚雄工作室研究生作品展”

9月，《新工笔动物画技法·鸡》由安徽美术出版社出版。

作品《暮色苍茫》入选第十届全国美术作品展。

荣获广东省教育厅授予的“广东省南粤优秀教师”称号。

11月，《方楚雄教学示范》梅、兰、竹、菊四册由岭南美术出版社出版。

12月，“方楚雄画展”在广州华艺廊展出，并由岭南美术出版社出版《当代名家精品·方楚雄》。

2005年

3月，方楚雄在广州美术学院设立“方林学术论文奖学金”。

7月，作品参加由中华人民共和国文化部艺术服务中心、中国美术馆、中国画研究院主办的“当代中国画学术论坛暨首届当代中国画学术展”，在中国美术馆展出。

作品《乡趣》被广州艺术博物院收藏。

11月，《戍花图·方楚雄画集》由岭南美术出版社出版。

12月，《雨林之晨》等13幅作品入编《当代画史·名家经典作品集》，由河北教育出版社出版。

2006年

1月，《当代中国画名家画犬》由安徽美术出版社出版。

《中国当代名家画集·方楚雄》由岭南美术

出版社出版。

2月，《绿云幽香》等11幅作品入编《中国当代美术全集·花鸟卷》，由北京工艺美术出版社出版。

3月，随中国美术名家印度采风团访问印度。

4月，与林淑然被编入《画坛伉俪》，由人民美术出版社出版。

应邀为中华人民共和国国务院会议楼创作《古藤繁花》。

5月，书法作品入选由中国美术家协会主办的“书画同源——全国著名画家书法展”，在中国美术馆展出，并入编《书画同源——全国著名画家书法展作品集》。

9月，《中国当代名家画集·方楚雄》由人民美术出版社出版。

2006年，应邀为国务院会议楼创作《古藤繁花》

2006年，方楚雄带学生在从化流溪河写生

2007年

5月，《当代画史·名家经典作品集·方楚雄》由北京人文艺术出版社出版。

7月，南方电视二台书画典藏栏目播放《聆听动物的私语——记著名画家方楚雄》。

12月，“方楚雄工作室研究生作品展”在岭南画派纪念馆举办。

2007年，方老师与学生在海南岛海边

2008年

2月，《方楚雄十二生肖画集》由岭南美术出版社出版。

5月，向四川汶川地震灾区捐赠国画作品12幅。

6月，任“纪念中国改革开放30周年——

2007年，方楚雄带学生在海南岛兴隆热带植物园写生

2008 年，为汶川地震捐画期间接受采访

2008 年，方楚雄一家与林丰俗夫妇

2008 年，方楚雄与父亲在八分园

全国美术作品展”初评评委。

7 月，荣获广东省高教工委“优秀共产党员”称号。

8 月，与中国画系师生赴土耳其访问写生。

作品《和谐家园》入选由中国美术家协会、中共广东省委宣传部主办的“纪念中国改革开放 30 周年——全国美术作品展览”，在广东美术馆展出。

《雨林集珍》等 8 幅作品由《美术研究》杂志社编入《50 年代 50 家·当代国画名家作品集》，由人民美术出版社出版。

9 月，被评为广州美术学院 2007–2008 学年“先进个人”。

出席广东省文学艺术工作者第六次代表大会。

10 月，广东珠江电视台文化珠江频道播出《友爱方家——著名画家方楚雄》。

作品《虎虎生气》《登高觅幽》入选由江苏省文化厅、江苏省美术馆主办的“时代与经典——2008·当代中国画学术邀请展”，在江苏省美术馆展出。

11 月，作品《大树菠萝》《葵花熟了》入编《记录历史·〈中国美术大事记〉出版发行三周年纪念（2005–2008）》。

作品《鼎湖山中》入选由中国国家画院、中国美术馆主办的“新时期中国画之路·1978–2008 作品回顾展”，在中国美术馆展出，并入编《新时期中国画之路·1978–2008 作品集》。

12 月，作品《榕荫》《大吉图》入选由中国美术家协会主办的“2008·全国中国画学术邀请展”，在中国美术馆展出。

作品《和谐家园》入选由中国美术家协会、中共广东省委宣传部主办的“纪念中国改革开放30周年——全国美术作品展览优秀作品展”，在中国美术馆展出。

作品《故乡水》入选“第二届广东画院学术提名展：图画中的‘历史’——美术家眼中的改革开放”，在岭南画派纪念馆展出。

荣获广东省慈善总会颁发的“广东省抗震救灾社会捐赠先进个人”称号。

作品《晨露》被中国国家画院收藏并入编《中国国家画院2008年收藏作品集》，由文化艺术出版社出版。

2009年

3月，赴柬埔寨采风写生。

5月，出访菲律宾，参加“菲中建交34周年——岭南画派纪念馆赴菲交流展”，在马尼拉大都会博物馆展出。

《百年橡树》等4幅作品入编《百年（1908–2008）中国画经典》，由山东美术出版社出版。

7月，“物象天真——方楚雄小品展”分别在广州鲁逸堂、抱趣堂举办。

9月，赴尼泊尔采风写生；《主流艺术·中国当代名家画集·方楚雄》由黑龙江美术出版社出版。

10月，作品《喜报丰年》入选第十一届全国美术作品展。

带学生赴上海参观“第十一届全国美术作品展·

2009年，在马尼拉出席中菲建交34周年岭南画派作品展

2009年，方楚雄在尼泊尔博卡拉写生

2010年，方楚雄夫妇应邀赴美国蒙特克莱尔州立大学讲学

2010年，方楚雄夫妇在画展上同刘济荣（左一）、杨之光（左三）、梁世雄（左四）、林墉（右二）留影

2010 年，方楚雄夫妇出访美国蒙特克莱尔州立大学和威廉帕特森大学

2010 年，方楚雄在“可惜无声——方楚雄的艺术世界”展上向广州美术学院捐赠作品 36 件

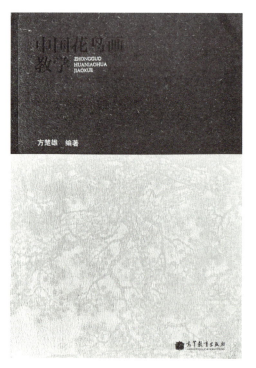

2010 年，《中国花鸟画教学》由高等教育出版社出版

中国画展”及到苏州西塘写生。

12 月，荣获中共广东省委宣传部、广东省人民政府授予的“广东省精神文明建设先进工作者”称号。

2010 年

1 月，赴香港参加由文化部主办的“第三届当代中国画学术论坛”，并在香港大会堂举办“中国画的艺术特色”艺术讲座。

《当代中国画名家画虎·方楚雄》由安徽美术出版社出版。

2 月，“天地生灵——方楚雄的艺术世界”在广东美术馆展出。

3 月，应邀赴美国蒙特克莱尔州立大学和威廉帕特森大学参加“生生不息的中国艺术——当代中国画展”并讲学。

5 月，作品《密林探幽》入选第九届中国艺术节“中国风格·时代丹青——全国优秀美术作品展”，在广州艺术博物院展出。

6 月，作品《熏风入梦来》入选由中国美术馆和日本东京松涛美术馆主办的“中国美术馆典藏扇面画展”，在日本东京松涛美术馆展出。

邀请中央美术学院薛永年教授为方楚雄花鸟画工作室学生讲学。

“灵性·天趣——方楚雄教授携少儿优秀美术作品展”在岭南画派纪念馆展出。

7 月，《方楚雄花鸟画作品选集》由中国画报出版社出版。

9 月，荣获广州美术学院“德艺双馨杰出教师奖”及“2007–2010年度教学科研创作突出成果奖”。

10月，所著《中国花鸟画教学》由高等教育出版社出版。

被聘为广东省人民政府文史研究馆馆员。

由中共广东省委宣传部、广东省美术家协会、广州美术学院主办的“可惜无声——方楚雄的艺术世界”大型学术展在广州美术学院美术馆开幕，同时举行《中国花鸟画教学》教材首发仪式，并举办“方楚雄的艺术世界”学术研讨会，36件作品捐赠给广州美术学院。

11月，《喜报丰年》等5幅作品入编《中国当代经典美术全集》，由线装书局出版。

12月，《中国当代书画名家作品集·方楚雄》由天津人民美术出版社出版。

作品《熏风》被中国美术馆收藏。

作品《村梅》《卧龙松》被广东美术馆收藏。

2011年

5月，荣获“2011年广州美术学院教学名师奖”。

在大学城为中国画学院学生讲授“中国写意花鸟画之水墨兰、竹”。

《经典·风范——2010中国当代核心画家作品集·花鸟篇方楚雄》由人民美术出版社出版。

6月，由中国文史出版社、《中国美术大事记》编委会出版《中国美术大事记——方楚雄艺术创作状态》。

《雨林集珍》等3幅作品参加由中国美术家协会主办的“水墨中国——中国当代国画精品展”，

2010年，方楚雄、陈永锵与小朋友们在“与大家同行”系列展上

2010年，方楚雄与林墉在广东美术馆方楚雄画展上亲切交谈

2010年，方楚雄夫妇与陈履生（左一）王璜生（右一）在美国纽约

2011年，方楚雄师生在“道合——方楚雄师生作品邀请展”上和嘉宾留影

2012 年，方楚雄在“芳华正茂——方楚雄师生作品展”开幕式上致辞

2012 年，俄罗斯副总理戈洛杰茨在莫斯科中国文化中心观看方楚雄的作品

2012 年，在普宁德安里举办方家书画展

2012 年，在莫斯科出席中国文化中心揭幕仪式。左起：广东省文化厅厅长方健宏、方楚雄、中国文化部副部长赵少华、李劲堃、中国美协主席范迪安

在葡萄牙展出，并入编《水墨中国——中国当代国画精品作品集》，由荣宝斋出版社出版。

《当代中国画名家画兔 · 方楚雄》由安徽美术出版社出版。

7 月，赴北京参加中国画学会成立大会，任创会常务理事。

10 月，“道合——方楚雄师生作品邀请展”在顺德文翰艺术馆展出。

被中国美术家协会聘为“第三届中国（湘潭）齐白石国际文化艺术节”中国画作品展复评评审委员。

12 月，“道缘——方楚雄师生作品邀请展”在中山书画院举办。

荣获“广东省高等学校教学名师”称号。

作品《天地清气》《雨林集珍》被广州白云机场贵宾厅收藏。

2012 年

1 月，“芳华正茂——方楚雄师生作品展”在佛山 1506 美术馆举办。

2 月，“方家书画展”在普宁洪阳德安里举办。

“方家丹青——方楚雄、方楚乔、林淑然、方向作品联展”在珠海赏心堂美术馆举办。

4 月，带研究生赴北京大兴、房山、香山写生。

《大家画风 · 当代国画大家教学研究 · 方楚雄》由安徽美术出版社出版。

应邀赴中国人民大学画院讲授“花鸟画写生与创作”。

5 月，应邀参加由中国文学艺术界联合会、中国美术家协会、中国国家画院等主办的“中原行——中国当代著名画家采风写生活动”。

9月，作品《版纳晨曦》入选“中国美术世界行——中国当代美术精品展”，在德国柏林展出，并入编《中国当代美术作品集》，由荣宝斋出版社出版。

作品《天中神柏》入选“中国当代著名画家中原行作品展”，在中国国家博物馆展出，并被河南省美术馆收藏。

《两小无猜》等3幅作品入选由中国人民对外友好协会、中国美术家协会主办的“2012卢浮宫国际美术展”，在法国卢浮宫展出，并入编《艺术与文明的对话·2012卢浮宫国际美术展中国代表团作品集》，由外文出版社出版。

12月，7幅书法作品入编《百年画家楹联书法》，由山东美术出版社出版。

赴俄罗斯参加莫斯科中国文化中心揭牌仪式。

2013年

2月，被评为享受国务院政府特殊津贴专家。

6月，《一线大家——当代中国画高端收藏·方楚雄》由天津人民美术出版社出版。

10月，参加由中国画学会组织的赴西班牙采风活动。“方楚雄工作室作品展”在清远英德仙湖举办。

12月，《大家画范——方楚雄绘扇画》由安徽美术出版社出版。

2014年

1月，《见贤五号——当代中国画大家系列·

2013年，方楚雄与姜宝林先生在中国画学会合作大画

2013年，出席王兰若老师画展在汕头博物馆的开幕式

2013年，方楚雄在瑞士阿尔卑斯山写生

2014年，方楚雄夫妇在从化写生

2014 年，方楚雄工作室与广东省宋庆龄基金会、广州市妇女儿童医疗中心设立“方楚雄师生救助孤残儿童基金”

2015 年，方楚雄与吴山明赴澳大利亚墨尔本讲学

2015 年，方楚雄在四川阿坝州毕棚沟写生

2015 年，方楚雄在第二届两岸文化艺术交流高峰论坛上发言

方楚雄》由安徽美术出版社出版。

普宁鸣岗村方氏艺术馆落成暨方家书画展开幕。

方楚雄工作室与广东省宋庆龄基金会、广州妇女儿童医疗中心设立“方楚雄师生救助孤残儿童基金”。

2 月，“方楚雄精品展”在汕头见贤五号举办。

5 月，随陈云林为团长率领的海协会书画艺术交流团访问台湾。

6 月，赴法国霞慕尼市参加“中国美术世界行 · 勃朗峰之夏——纪念中法建交 50 周年作品展”，后赴瑞士阿尔卑斯山采风写生。

《笔墨新体——当代中国画大家文献丛书 · 方楚雄卷》由河北美术出版社出版。

《大家画谱——方楚雄翎毛图卷》由安徽美术出版社出版。

8 月，《传承开拓——当代岭南中国画大展作品集 · 方楚雄》由安徽美术出版社出版。

9 月，赴深圳参加由三滴水书画院主办的“笔墨方家——方家书画展”开幕式。

赴山东淄博桓台参加“画风逸格——方楚雄精品展”。

11 月，赴天津总医院探望孙其峰老师。

应邀为中国人民大学孙其峰花鸟画工作室学生讲授“中国写意花鸟画之美与梅兰竹菊”。

赴江西景德镇参加岭南瓷画馆开幕仪式，创作瓷画 10 余幅。

为景德镇陶瓷美术学院讲授“中国写意花鸟画之美”。

被聘为“首届全国瓷画展”评委。

12 月，参加广东省中国画学会成立大会，被选为副会长。

2015 年

1 月，赴澳大利亚参加“世界情 · 中国梦 · 中澳文化大使——方楚雄澳洲行”系列活动；在澳大利亚悉尼大学讲授“中国写意花鸟画之美”；应邀访问新南威尔士州国会大厦及中华人民共和国驻悉尼总领事馆；在澳大利亚墨尔本大学讲学。

3 月，由广东中华民族文化促进会主办的“丹青心路——方楚雄的艺术世界”在广州岭南会展览馆开幕。

荣获“2015 年广东文化基金奖章”。

由澳门中华文化艺术协会、广东中华民族文化促进会主办的“丹青新韵——方楚雄师生画展”在澳门举办，并于澳门艺术博物馆举办“中国写意花鸟画之美”艺术讲座。

4 月，被聘为武汉理工大学客座教授、艺术与设计学院兼职博士研究生导师，并在武汉理工大学艺术设计学院讲学。

《大家 · 方楚雄》由安徽美术出版社出版。

5 月，赴台湾参加“2015 第二届两岸文化艺术交流高峰会”，“大家风范——方楚雄中国画大展”在台北中正纪念堂举办。

10 月，“大家风范——方楚雄中国画大展”在陕西省美术博物馆举办。

2016 年

1 月，“自然妙合——方楚雄中国画大展”“艺道同行——方楚雄花鸟画教学”在湖北美术馆举办。

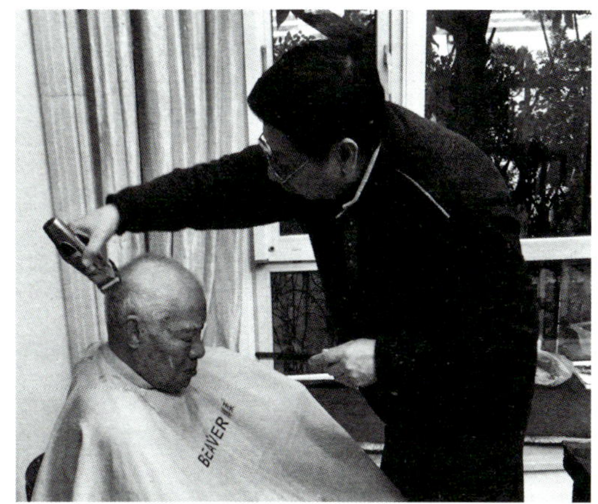

2015 年，方楚雄为 104 岁的父亲理发

2016 年，“自然妙合——方楚雄中国画大展”“艺道同行——方楚雄花鸟画教学”在湖北美术馆举办

2016 年，霍春阳在广州美术学院方楚雄工作室讲课

2016 年，与周韶华在湖北美术馆

2017 年，方楚雄夫妇在内蒙古阿拉善盟额济纳旗

2017 年，方楚雄在埃及卢克索艺术学院讲学

2017 年，方楚雄在埃及亚历山大法鲁斯大学艺术学院讲学

2017 年，方楚雄在埃及开罗萨拉丁穆罕穆德清真寺写生

4 月，“自然妙合——方楚雄中国画大展”“艺道同行——方楚雄花鸟画教学”在山东潍坊鲁台会展中心举办。

“自然妙合——方楚雄中国画大展”“艺道同行——方楚雄花鸟画教学”在河南省美术馆举办。

10 月，《中国美术大事记——大家经典传承工程·金字塔·方楚雄卷》由中国文史出版社出版。

11 月，“心墨相传——方楚雄师生作品展”在清远景源美术馆举办。

中国人民大学继续教育学院方楚雄博导班开课，带学生赴京郊顺义写生。

2017 年

5 月，“方楚雄书画作品展”在深圳文博会举办并由安徽美术出版社出版《方楚雄书法集》。

6 月，由中华人民共和国文化部主办的“中国非遗文化周——方楚雄艺术文创作品展”在泰国曼谷中国文化中心举办。

7 月 –8 月，作品《故乡水》《藤韵》《喜报丰年》入选由中共广东省委宣传部、广东省文化厅、广东省文学艺术界联合会、中国美术馆主办的“其命惟新——广东美术百年大展”，先后在中国美术馆、广东美术馆展出，并入编由岭南美术出版社出版的《其命惟新——广东美术百年作品集》。

9 月，广东省人民政府文史研究馆主编《方楚雄画集》，由花城出版社出版。

11月，赴埃及参加“一带一路·世界情·中国梦——中国著名画家方楚雄教授世界巡讲埃及站”，分别在开罗哈勒旺大学艺术学院、亚历山大法鲁斯大学艺术学院、卢克索艺术学院讲学及写生。

12月，赴日本东京参加“艺的鉴真——中日艺术大学教师邀请展”，后赴日本静冈县伊豆、北海道写生。

2018年

3月，“行旅问道——方楚雄山水写生作品展”在广州美术学院大学城美术馆举办。

《方楚雄教学示范·梅兰竹菊》重修版，由岭南美术出版社出版。

《当代大家经典作品·方楚雄》由上海美术出版社出版。

4月，“大家风范——方楚雄中国画作品展”在山东潍坊鲁台会展中心举办。

7月，“大爱无疆与善同行——方楚雄师生慈善拍卖”在广东崇正拍卖。

“大家风范——方楚雄中国画大展”在山东美术馆举办。

“艺道同行——方楚雄花鸟画教学展”在珠海市古元美术馆举办。

8月，《当代美术史精品画册系列丛书·方楚雄作品集》由江苏凤凰美术出版社出版。

9月，“大家风范——方楚雄中国画大展”“艺道同行——方楚雄花鸟画教学展”在天津美术馆举办。

2017年，方楚雄在埃及底比斯写生

2018年，方楚雄在约旦杰拉什写生

2018年，方楚雄为三元宫书写老子《道德经》

2018年，举办艺道同行·方楚雄从教四十年座谈会

2019年，“一花一世界——方楚雄、林淑然、艾瑞作品展”在广州陈树人纪念馆开幕

2019年，“天地生灵——方楚雄的艺术世界”展览在澳门回归贺礼陈列馆举办

2019年，方楚雄夫妇赴俄罗斯参加“伟大的中国书法与国画”展览

“万物生灵 · 到处云山——方楚雄、方楚乔中国画作品展”在启功书院美术馆举办。

“万物生灵——方楚雄中国画大展”在云南美术馆举办。

10月，举办“艺道同行——方楚雄教授从教四十年座谈会”活动。

接受美术史论家刘曦林《画坛对话录》采访于八分园。

11月，陈树人纪念馆建馆三十周年活动“三人行——陈永锵、方楚雄、梁如洁国画作品展”在陈树人纪念馆举办。

12月，作品参加由中国国家画院、广东省文化和旅游厅主办的“新中国美术家系列——广东省国画作品展”，在中国国家画院美术馆举办。

作品《喜报丰年》获“四十 · 四十——广东中国画（细笔）‘时代印记 · 精品奖’”。

作品《喜报丰年》获“经典四十”广东中国画（细笔）“时代印记经典 · 精品力作奖”。

2019年

4月，“自然妙合——方楚雄作品展”在广州岭南会展览馆举办。

“三国言艺——方楚雄、林子平、钟正川水墨画作品交流展”在新加坡中国文化中心举行开幕式。

9月，赴俄罗斯参加由莫斯科现代书法博物馆、俄罗斯书法家协会、索科利尼基博物馆教育中心主办的“伟大的中国书法与国画”展览，并到苏兹达里写生。

10 月，由澳门基金会、广州美术学院主办的“天地生灵——方楚雄的艺术世界”展览在澳门回归贺礼陈列馆举办。

11 月，由中国画学会、广州美术学院、重庆美术馆主办的“天地生灵——方楚雄的艺术世界”在重庆美术馆开幕并举办“方楚雄艺术研讨会”。

12 月，“一花一世界——方楚雄、林淑然、艾瑞作品展”在广州陈树人纪念馆开幕。

2020 年

1 月，赴山东烟台参加“文心雅墨——当代中国画名家学术邀请巡回展”。

“三方容桂行——方楚雄、方楚乔、方向写生作品展”在容桂美术馆举办。

2 月，创作《白衣天使》参加广东省抗疫情优秀美术作品展，并被广州艺术博物馆收藏。

3 月，创作《民族风骨》《雄镇一方》及书法二件，由中国嘉德网络公益拍卖，拍卖善款用于抗击疫情医护保障及子女教育基金。

创作《花前月下》《严寒过后是春天》及书法二件，由华艺国际抗疫慈善线上义拍。

4 月，作品《喜报丰年》被评为“经典四十——广东中国画（细笔）作品”。

2020 年，举办“树人艺术培育公益工程——中国花鸟画课程”，方楚雄为小朋友上课

2020 年，方楚雄在广州日报社捐赠王烁烈士画像

2020 年，方楚雄夫妇在山东烟台“文心雅墨——当代中国画名家学术邀请巡回展”上与谢冰毅（左一）、龙瑞（左四）、成克诚（左五）、吕品田（左六）合影

2021 年，方楚雄画展在中国美术馆圆厅及 8、9 号厅现场

2023 年，方楚雄应邀为广州白云国际会议中心国际堂创作国画《根深叶茂》

2023 年，方楚雄夫妇在加拿大尼亚加拉大瀑布写生

2023 年，方楚雄与外孙在纽约比肯写生

5 月，应广州日报社之约创作《广东赴鄂抗疫烈士王烁像》，作品赠送烈士家属。

6 月，为中华人民共和国外交部驻维也纳代表团创作《一树梅花天地春》。

7 月，与陈树人纪念馆合作举办“树人艺术培育公益工程——中国花鸟画课程”。

8 月，被广东省人民政府文史研究馆聘为广东省人民政府文史研究馆专家组专家。

10 月，作品参加“文心雅墨——当代中国画名家学术邀请巡回展”，在江苏省美术馆开幕。

“怡情翰墨——方楚雄书画展”在广州与亨美术馆开幕。

作品《白衣天使》被广州艺术博物院收藏。

11 月，作品参加“丹青芳华·墨香绵州——岭南花鸟画名家邀请展”，由绵阳市委宣传部、《今日中国》杂志社主办，在绵阳市越王楼美术馆开幕。

12 月，作品《暮色苍茫》获“庆祝经济特区成立四十周年·广东省中国画（写意）‘40+1’经典作品奖”。

作品《暮色苍茫》获“广视经济特区成立四十周年·广东省中国画（写意）‘40+1’经典作品奖”。

2021 年

1 月，作品《大地清晖》入选中国美术馆新年展“美在耕耘”。

6 月，作品《大年》被广东美术馆收藏。

9 月，“天地生灵——方楚雄的艺术世界”

在中国美术馆举办，同期举办学术研讨会。作品《严冬过后是春天》被中国美术馆收藏。

9月，被聘为中国国家画院研究员。

10月，“天地生灵——方楚雄的艺术世界”展览在广东美术馆举办，同期举办学术研讨会。作品《香雪幽情》被广东美术馆收藏。

2022年

6月，应邀为广州白云国际会议中心国际堂创作巨幅中国画《根深叶茂》。

6月，作品《盛放的紫荆》入选中国美协举办的“笔墨丹青绘湾区”举办。

10月，作品《玉树翠屏》被广东省政协收藏。

2023年

4月，作品《竹林珍禽》入选“第八届全国画院美术作品展览”

6月，赴美、加写生。

7月22日，“相聚多伦多·方楚雄、郑高空、林淑然作品展”在大多伦多中华文化中心开幕。

8月6日，中央电视总台大型文化节目《大师列传》播放《方楚雄·天地大美　丹青为应》。

9月22日，被聘为中国传媒大学中国画研究院顾问。

9月28日，被聘为广州美术学院中国画学院校友分会会长。

2023年，中央电视总台《大师列传——方楚雄·天地大美　丹青为应》开拍

2023年，中央电视总台《大师列传——方楚雄·天地大美　丹青为应》开播

2023年，被聘为广州美术学院中国画学院校友分会会长